Sur l'origine de l'horlogerie,

des appareils à mouvement perpétuel et de la boussole

Derek J. de Solla Prix

Writat

Cette édition parue en 2023

ISBN : 9789359256771

Publié par
Writat
email : info@writat.com

SUR L'ORIGINE DE L'HORLOGERIE, DES DISPOSITIFS À MOUVEMENT PERPÉTUEL ET DE LA BOUSSOLE

Par Derek J. de Solla Price

Certains pensent que l'ancêtre de l'horloge mécanique est le cadran solaire. En réalité, ces dispositifs représentent deux approches différentes du problème du chronométrage. Le véritable ancêtre de l'horloge se trouve parmi les machines astronomiques très complexes que l'homme construit depuis l'époque hellénique pour illustrer les mouvements relatifs des corps célestes.

Cette étude, dont les résultats serviront à la préparation de la nouvelle salle du Musée sur l'histoire de la mesure du temps, retrace cette ascendance à travers 2 000 ans d'histoire sur trois continents.

L'AUTEUR : *Derek J. de Solla Price a rédigé cet article alors qu'il était consultant auprès du Musée d'histoire et de technologie du Musée national des États-Unis de la Smithsonian Institution.*

À chaque époque successive, cette construction, perdue, est, par la faveur du Soleil , de nouveau révélée à l'un ou l'autre à son gré. (*Surya Siddhanta* , éd. Burgess, XIII, 18-19.)

L 'histoire de l'horloge mécanique et de la boussole magnétique doit être considérée comme l'un des efforts les plus torturés de tous nos efforts pour comprendre les origines des inventions humaines importantes. L'ignorance a trop souvent été remplacée par des conjectures, et les conjectures par des citations erronées et la fausse autorité du « savoir commun » engendré par la répétition d'histoires légendaires d'une génération de manuels à l'autre. Dans ce qui suit, je ne peux qu'espérer que l'ajout d'une nouvelle piste forte et l'éradication de plusieurs fausses et plus faibles nous mèneront plus près d'une compréhension équilibrée et intégrée de l'invention médiévale et de la transmission interculturelle des idées.

Pour l'horloge mécanique, le plus grand obstacle a peut-être été son traitement dans le cadre d'une « histoire de la mesure du temps » autonome dans laquelle les cadrans solaires, les horloges à eau et autres dispositifs similaires assument le rôle naturel d'ancêtres de l'horloge à échappement à poids des premiers temps. 14ème siècle. [1] Ce point de vue doit présumer qu'une connaissance généralement sophistiquée des engrenages est antérieure à l'invention de l'horloge et remonte à la période classique de Héro et de Vitruve et d'auteurs similaires bien connus pour leur ingéniosité mécanique.

De plus, même si l'on admet l'utilisation d'engrenages d'horlogerie avant l'existence de l'horloge, il faut encore rechercher les inventions indépendantes de la masselotte et de l'échappement mécanique. Le premier d'entre eux peut sembler relativement trivial ; quiconque est familier avec le levage de lourdes charges au moyen de cordes et de poulies pourrait sûrement reconnaître la possibilité d'utiliser un tel agencement en sens inverse comme source d'énergie constante. Néanmoins, l'utilisation de cet appareil n'est pas enregistrée avant son association avec des machines hydrauliques et à mouvement perpétuel dans les manuscrits **de Riḍ** wān , *ca.* 1200, et son utilisation dans une horloge utilisant une roue à mouvement perpétuel (remplie de mercure) comme échappement d'horloge, dans les codex astronomiques d'Alphonse le Sage, roi de Castille, *vers 1200* . 1272.

La deuxième invention, celle de l'échappement mécanique, a posé l'un des problèmes les plus alléchants. Sans aucun doute, l'échappement à couronne et à foliot apparaît comme la première invention mécanique compliquée connue du Moyen Âge européen ; il annonce toute notre époque de fabrication de machines. Pourtant, aucune trace n'a été trouvée ni d'une évolution constante de tels échappements ni de leur invention en Europe, bien que l'horloge astronomique actionnée par une roue hydraulique et régie par un dispositif semblable à un échappement ait été élaborée en Chine plusieurs siècles avant sa première apparition. de nos horloges. Nous devons maintenant répéter une histoire révisée de l'origine de l'horloge telle qu'elle a été suggérée par des recherches récentes sur l'histoire des engrenages et sur les machines astronomiques chinoises et autres. Après cela, nous présenterons pour la première fois des preuves montrant que cette histoire est curieusement liée à celle du *Perpetuum Mobile* , l'une des grandes chimères de la science, qui est venue de son origine médiévale pour jouer un rôle important dans les développements plus récents de l'énergétique. et les fondements de la thermodynamique. C'est un curieux mélange, d'autant plus que, inextricablement mêlées à lui, nous retrouverons les références les plus importantes et les plus anciennes à l'utilisation du compas magnétique en Occident. Il semble qu'en révisant l'histoire du mouvement horloger et du compas magnétique, ces considérations sur les dispositifs à mouvement perpétuel puissent fournir des preuves indispensables .

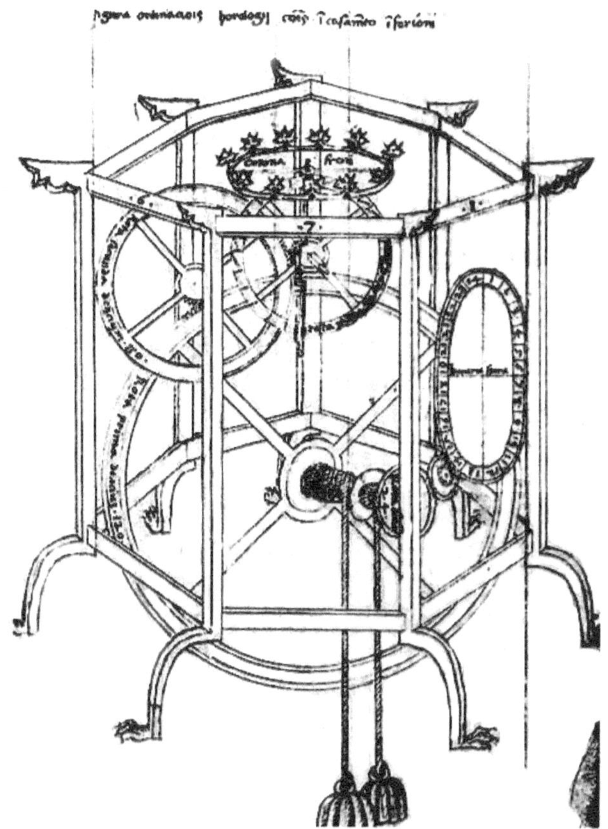

Figure 1.— STRUCTURE DE L'HORLOGE ASTRONOMIQUE de Giovanni de Dondi de Padoue, 1364 après JC.

Engrenage de puissance et de mouvement

On peut facilement admettre que l'utilisation de roues dentées pour transmettre la puissance ou la faire tourner selon un angle était répandue dans toutes les cultures plusieurs siècles avant le début de notre ère. Certes, à l'époque classique, ils étaient déjà familiers à Archimède (né en 287 avant JC), [3] et en Chine, des exemples réels de roues et de moules pour roues datant du IVe siècle avant JC ont été conservés. [4] On peut remarquer que ces pignons de "machine" se caractérisent par un "nombre rond" de dents (on connaît des exemples à 16, 24 et 40 dents) et une tige à trou carré qui s'emboîte sans tourner sur un arbre carré. . Une autre caractéristique remarquable de ces premiers engrenages est l'utilisation de dents en forme de cliquet, parfois même tordues en hélice, de sorte que les engrenages ressemblent à des vis sans fin s'engrenant sur des axes parallèles. [5] L'existence de moulins à vent et à eau témoigne de la familiarité générale, depuis l'Antiquité jusqu'au Moyen Âge, avec l'utilisation d'engrenages pour faire tourner la puissance à angle droit.

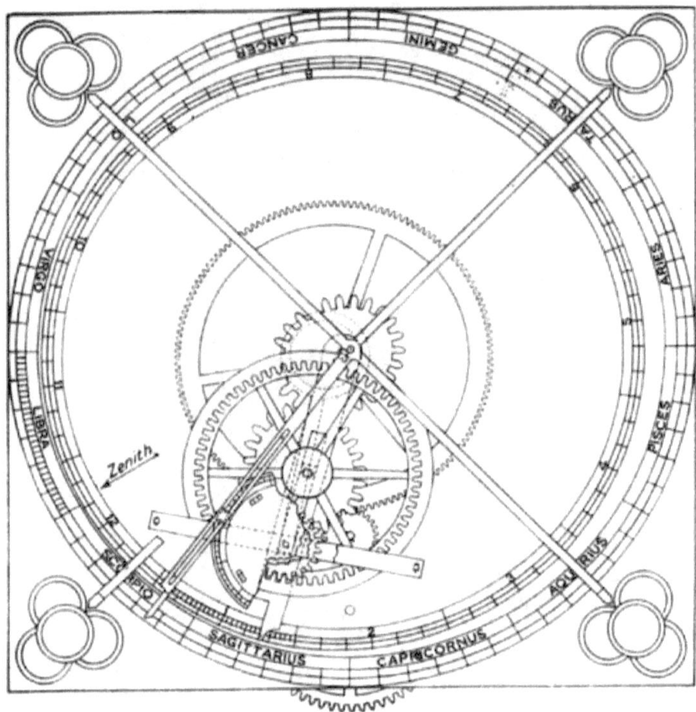

Figure 2.— HORLOGE ASTRONOMIQUE de de Dondi , montrant l'engrenage sur le cadran pour Mercure et la couronne d'échappement. Chacune des sept parois latérales de la structure représentée sur la figure 1 était équipée d'un cadran.

En admettant donc cette utilisation des engrenages, il faut se garder de toute conclusion selon laquelle l'utilisation en mécanique fine des engrenages pour fournir des rapports spéciaux de mouvement angulaire était également générale et répandue. Il est d'usage d'apporter ici le témoignage de l'hodomètre (taximètre) décrit par Vitruve (Ier siècle avant JC) et par Héros d'Alexandrie (Ier siècle après JC) et des ingénieux automates également décrits par ce dernier auteur et ses adeptes islamiques. [6] On peut également citer l'utilisation de la chaîne de réduction dans les machines motrices comme celle utilisée dans le guindeau à engrenages d'Archimède et de Héros.

Malheureusement, même les automates les plus complexes décrits par Hero et par des auteurs tels que Riḍ wān ne contiennent un engrenage que dans un contexte plus étendu que celui de moyen de transmission d'une action autour d'un angle droit. Quant au guindeau et à l'hodomètre, ils contiennent, il est vrai, toute une série d'engrenages utilisés par étapes comme mécanisme de réduction, généralement pour un rapport extraordinairement élevé, mais ici les détails techniques sont si éthérés qu'il faut douter que de tels dispositifs aient été effectivement réalisé dans la pratique. Ainsi , Vitruve parle d'une roue de 4 pieds de diamètre et comportant 400 dents entraînée par un pignon à 1 dent sur un axe de charrette, mais il est très douteux que de si petites dents, nécessairement séparées d'environ 3/8 de pouce, auraient l'effet requis. rugosité. Encore une fois, Hero mentionne une roue de 30 dents qui, en raison d'imperfections, pourrait n'avoir besoin que de 20 tours d'une seule vis sans fin pour la faire tourner ! De telles déclarations appellent à la prudence et il faut se demander si nous n'avons pas été induits en erreur par les éditions des XVIe et XVIIe siècles de ces auteurs, contenant des reconstructions maintenant souvent citées comme faisant autorité mais servant ensuite de diagrammes de travail pour une utilisation pratique à cette époque où l'horloge était déjà un mécanisme familier et complexe. Quoi qu'il en soit, même si l'on admet sans preuve substantielle que de tels dispositifs de réduction à engrenages étaient familiers dès l'époque hellénistique, ils ne peuvent guère servir que d'ancêtres très lointains des premières horloges mécaniques.

Horloges mécaniques

Avant de passer à une discussion sur les preuves controversées qui peuvent être utilisées pour combler cet écart entre la première utilisation des engrenages et l'horloge mécanique pleinement développée, nous devons examiner l'autre côté de cet écart. Des recherches récentes sur l'histoire des premières horloges mécaniques ont mis en évidence certaines particularités très pertinentes pour notre argument actuel.

LA TRADITION EUROPÉENNE

Si l'on veut établir un *terminus ante quem* pour l'apparition de l'horloge mécanique en Europe, il semblerait que 1364 soit une date des plus raisonnables. A cette époque, nous disposons d'un matériel mécanique et historique très complet concernant le chef-d'œuvre horloger construit par Giovanni de Dondi de Padoue [7] et probablement commencé dès 1348. Il serait peut-être possible de fixer une date quelques décennies plus tôt, mais en général à mesure que l'on recule à partir de ce point, les preuves deviennent de plus en plus fragmentaires et incertaines. La plus grande source de doute vient de la confusion entre cadrans solaires, horloges à eau, cloches à sonnerie manuelle et horloges mécaniques, toutes couvertes par le terme horologium *et* ses équivalents vernaculaires.

Reporter temporairement l'examen des preuves avant *ca.* 1350, nous pouvons prendre comme point de départ Giovanni de Dondi et retracer une lignée pratiquement ininterrompue de son époque à nos jours. On peut suivre la diffusion des horloges à travers l'Europe, des grandes villes aux petites villes, des cathédrales et abbayes les plus riches aux églises les moins riches. Il y a une transition depuis les horloges de tour – pièces maîtresses des grandes institutions – vers la simple horloge de chambre conçue pour un usage domestique et vers les plus petites horloges portables et les montres de poche encore plus petites et plus portables. Dans le raffinement mécanique, une continuité similaire peut être notée, de sorte que l'on voit l'effet cumulatif de l'introduction de l'entraînement à ressort (*vers* 1475), de la commande pendulaire (*vers* 1650) et de l'échappement à ancre (*vers* 1680). La transition de De Dondi au chronomètre moderne est en effet fondamentalement continue et, même si de nombreuses recherches doivent être effectuées sur des sujets particuliers, elle présente une unité historique et semble se conformer pour l'essentiel au modèle général d'amélioration mécanique constante que l'on retrouve ailleurs dans le monde. l'histoire de la technologie.

Figure 3. — HORLOGE MURALE ALLEMANDE, PROBABLEMENT VERS 1450 , montrant la dégénérescence en complexité par rapport à celle de l'horloge de Dondi .

Le plus remarquable cependant est la première période de cette évolution apparemment régulière. À côté des progrès réalisés au cours de la période la plus ancienne, s'étendant sur moins de deux siècles à partir de l'époque de de Dondi , on peut assister à un processus spectaculaire de dégénérescence ou de dévolution. Non seulement l'horloge de De Dondi est la plus ancienne dont nous disposons d'un récit complet et fiable, mais elle est également beaucoup plus compliquée que toute autre (voir Fig. 1, 2) jusqu'à des temps relativement modernes ! De plus, ce n'était pas un monstre exceptionnel. Il y en a eu d'autres semblables, et on ne peut donc pas rejeter comme accidentel ce processus de dégénérescence qui se produit au tout début de l'histoire certaine de l'horloge mécanique en Europe.

Sur la base de telles preuves , j'ai suggéré ailleurs [9] que l'horloge n'est « rien d'autre qu'un ange déchu du monde de l'astronomie ». Les premières grandes horloges de l'Europe médiévale ont été conçues comme des pièces maîtresses astronomiques, pleines d'engrenages et de cadrans compliqués pour montrer les mouvements du Soleil, de la Lune et des planètes, pour afficher les éclipses et pour effectuer les calculs complexes du calendrier ecclésiastique. En tant que tels, ils étaient comparables aux planétariums du XVIIIe siècle et aux planétariums modernes ; le fait qu'ils indiquaient également l'heure et la faisaient sonner sur les cloches était presque accessoire à leur fonction principale. Il ne faut pas non plus négliger que c'est dans leur glorification de la rationalité du cosmos qu'ils ont produit leur plus grand effet. Au cours des millénaires de civilisation, la compréhension des phénomènes célestes par l'homme a été le summum de son intellect, et à l'époque comme aujourd'hui, une exposition populaire de ce type était tout aussi nécessaire, aussi frappante et impressionnante. Il n'est pas nécessaire d'aller bien loin pour comprendre à quel point l'attirail de ces premières grandes horloges astronomiques a eu une grande influence sur les philosophes et les théologiens ainsi que sur des poètes tels que Dante.

La thèse de cette partie de mon argument est que l'horloge ordinaire indiquant l'heure n'est pas affiliée aux autres appareils simples indiquant l'heure tels que les cadrans solaires, les sabliers et les horloges à eau élémentaires. Il faut plutôt le considérer comme une branche dégénérée de la branche principale des appareils astronomiques mécanisés (je les appellerai protohorloges), une branche qui peut se vanter d'une histoire continue comblant le fossé entre l'apparition d'un simple engrenage et les complications de de Dondi . Nous reviendrons sur la discussion de cette tige principale après avoir analysé la tige parallèle découverte très récemment dans la Chine médiévale, qui reproduisait et racontait accessoirement le temps. De la plus haute importance, cette tige révèle l'invention indépendante cruciale d'un échappement mécanique, une caractéristique que l'on ne retrouve pas dans la tige européenne malgré des siècles de recherche et d'efforts historiques intensifs.

LA TRADITION CHINOISE

Pour cette section, j'ai le privilège de m'appuyer sur un projet de recherche passionnant réalisé en 1956 à l'Université de Cambridge par une équipe composée du Dr Joseph Needham, du Dr Wang Ling et de moi-même. [10] Au cours de ce travail, nous avons traduit et commenté une série de textes dont la plupart n'étaient jusqu'alors pas disponibles dans une langue occidentale et, bien que bien connus en Chine, n'avaient pas été reconnus comme importants pour leur contenu horloger. Le texte clé avec lequel nous avons commencé était le « Hsin I Hsiang Fa Yao », ou « Nouvelle conception pour une (sphère) armillaire (mécanisée) et un globe (céleste), écrit par Su

Sung en 1090 après JC. La description technique contenue dans ce texte nous a permis d'établir un glossaire et une compréhension de base du mécanisme qui nous a ensuite permis d'interpréter toute une série de textes similaires, bien que moins étendus, retraçant l'historique du développement antérieur de tels dispositifs remontant à l'introduction de ce type d'échappement par I- Hsing et Liang Ling- tsan , en 725 après JC, et à ce qui semble être l'original de toutes ces machines astronomiques chinoises, celle construite par Chang Hêng *Californie*. 130 après J.-C. Plusieurs autres textes similaires comblent les lacunes entre ces points de repère, fournissant de nombreuses preuves que le développement chinois est continu et, au moins à partir de Chang Hông , largement indépendant de toute transmission en provenance de l'Occident.

Pour autant que nous puissions le constater, le début de la chaîne en Chine (comme d'ailleurs en Occident) a été la réalisation de simples modèles statiques de la sphère céleste. Une sphère armillaire était utilisée pour représenter les principaux cercles imaginaires (*par exemple* , équateur, écliptique, méridiens, etc.), ou un globe céleste solide sur lequel ces cercles pouvaient être dessinés, ainsi que les constellations d'étoiles fixes. L'ensemble de l'appareil était ensuite monté de manière à pouvoir tourner librement autour de son axe polaire et un autre anneau ou boîtier était ajouté, externe et fixe, pour représenter l'horizon qui fournissait une donnée pour le lever et le coucher du Soleil et des étoiles.

Dans l'étape suivante, atteinte très peu de temps après, la rotation du modèle a été organisée pour se faire automatiquement plutôt qu'à la main. Cela a été réalisé, pensons-nous, en utilisant une roue tournant lentement, alimentée par des gouttes d'eau, et en faisant tourner le modèle via un mécanisme de réduction, impliquant probablement des engrenages ou, plus raisonnablement, un seul grand engrenage actionné par un levier de déclenchement. Peu importait que les propriétés de conservation du temps soient médiocres à long terme ; le modèle se déplaçait « tout seul » et le plus étonnant était qu'il s'accordait avec les cieux observés « comme les deux moitiés d'un décompte ».

Dans l'étape suivante, et essentielle, la rotation de la roue hydraulique était régulée par un mécanisme « d'échappement » composé d'un pont-bascule et de leviers de déclenchement disposés de telle sorte que la roue était tenue en échec, pelle par pelle, tandis que chaque pelle était remplie par le de l'eau ruisselante, puis libérée par le pont-bascule et laissée tourner jusqu'à ce qu'elle soit à nouveau contrôlée par le dispositif à levier de déclenchement. Son action était similaire à celle de l'échappement à ancre, bien que sa période de repos soit beaucoup plus longue que sa période de mouvement et, bien entendu, ses propriétés de chronométrage étaient contrôlées non seulement par la mécanique du dispositif mais également par la vitesse de mouvement. l'écoulement de l'eau qui s'égoutte.

L'échappement chinois peut à juste titre être considéré comme un chaînon manquant, à mi-chemin entre la clepsydre élémentaire avec son débit d'eau constant et l'échappement mécanique dans lequel le temps est compté en découpant son flux en cycles d'action, répétés indéfiniment et comptés par un dispositif cumulateur . . Avec sa caractéristique d'économiser de l'énergie pendant une période considérable (environ 15 minutes) avant de la relâcher en un seul mouvement puissant, l'échappement chinois était particulièrement adapté à l'entraînement des vérins et autres appareils de démonstration nécessitant beaucoup d'énergie mais une activité seulement intermittente.

Dans sa forme finale, telle que construite par Su Sung après de nombreux essais et améliorations, la « tour de l'horloge astronomique » chinoise devait être un objet des plus impressionnants. Elle avait la forme d'une tour d'environ 30 pieds de haut, surmontée d'une plate-forme d'observation couverte d'un toit léger (voir fig. 4). Sur la plate-forme se trouvait une sphère armillaire destinée à observer le ciel. Il a été tourné par le mouvement d'horlogerie de manière à suivre la rotation diurne et ainsi éviter les calculs pénibles provoqués par le changement de coordonnées nécessaire lors de l'utilisation d'instruments alt-azimut fixes. Au-dessous de la plate-forme se trouvait une chambre fermée contenant le globe céleste en rotation automatique qui s'accordait si merveilleusement avec le ciel. En dessous, sur le devant de la tour, se trouvait une pagode miniature à cinq niveaux ; à chaque étage se trouvait une porte par laquelle apparaissaient, au moment opportun, des vérins qui sonnaient des cloches, faisaient tinter des gongs, battaient des tambours et tenaient des tablettes pour annoncer l'arrivée de chaque heure, de chaque quartier (ils en utilisaient 100 par jour) et de chaque veille de la nuit. À l'intérieur de la tour était caché le mécanisme ; il se composait principalement d'un arbre vertical central fournissant la puissance à la sphère, au globe et aux roues à vérins , et d'un arbre horizontal orienté vers l'arbre vertical et portant la grande roue hydraulique qui semblait se mettre en mouvement comme par magie à chaque quart. A tout cela s'ajoutaient les leviers du mécanisme d'échappement et une paire de norias par lesquelles, une fois par jour, l'eau utilisée était pompée d'un puisard en bas vers un réservoir en haut, d'où elle descendait pour faire fonctionner la roue en au moyen d'un réservoir à niveau constant et de plusieurs canaux.

Il y a eu de nombreuses ramifications et développements de cette branche principale de l'horlogerie chinoise. On raconte, par exemple, que souvent du mercure et parfois du sable étaient utilisés pour remplacer l'eau, qui gelait fréquemment en hiver malgré l'application de braseros allumés à l'intérieur des machines. Là encore, les modèles astronomiques et les travaux de jackwork ont eux-mêmes fait l'objet d'améliorations progressives : à l'époque d'I- Hsing , par exemple, une attention particulière était portée à la démarcation de l'écliptique ainsi qu'aux coordonnées équatoriales normales ; il s'agissait clairement d'un afflux de l'astronomie hellénistique-islamique, dans laquelle les mathématiques planétaires relativement sophistiquées avaient forcé ce changement qui n'aurait pas été observé autrement en Chine.

À l'époque des Jésuites, ce courant de l'horlogerie chinoise, depuis longtemps complètement détruit par les périls des guerres, des tempêtes et des réformes gouvernementales, avait été complètement oublié. Les horloges de Matteo Ricci, ces cadeaux qui suscitèrent bien plus d'intérêt que les enseignements théologiques européens, étaient évidemment quelque chose de tout à fait nouveau pour les érudits chinois du XVIe siècle ; à tel point qu'elles furent surnommées sous un nom tout à fait nouveau, « cloches qui sonnent automatiquement », une traduction directe du mot « horloge » (*glokke*). Étant donné que l'échappement chinois médiéval a pu être à la base de l'horlogerie européenne, c'est un curieux coup du sort que la haute estime des Chinois pour les horloges européennes les ait incités à ouvrir leurs portes, auparavant avec tant de soin et pour si longtemps resté fermé aux barbares étrangers.

Figure 4.— TOUR DE L'HORLOGE ASTRONOMIQUE DE SU SUNG à K'ai-feng, *ca.* 1090 après JC, d'après un dessin original de John Christiansen. (*Avec l'aimable autorisation de la presse de l'Universite de Cambridge.*)

Modèles astronomiques mécanisés

Maintenant que nous avons vu la manière dont les modèles astronomiques mécanisés se sont développés en Chine, nous pouvons détecter une ligne similaire allant de l'époque hellénistique, en passant par l'Inde et l'Islam jusqu'à l'Europe médiévale qui a hérité de leur savoir. Les différences sont nombreuses, notamment en raison du développement particulier de cette caractéristique particulière de l'Occident, l'astronomie mathématique, conditionnée par la confusion presque accidentelle des méthodes arithmétiques babyloniennes avec celles de la géométrie grecque. Cependant, les lignes sont étonnamment similaires, à l'exception seulement de l'invention cruciale de l'échappement, une caractéristique qui semble être remplacée par l'afflux d'idées liées aux roues à mouvement perpétuel.

PÉRIODE HELLÉNISTIQUE

Le plus intéressant et le plus fréquemment cité est le planétarium en bronze qui aurait été réalisé par Archimède et décrit de manière fragmentaire et alléchante par Cicéron et par des auteurs ultérieurs. En raison de son importance en tant que prototype, nous donnons l'intégralité des passages les plus pertinents. [11]

Les descriptions de Cicéron du planétarium d'Archimède sont (italique fourni) :

Gaius Sulpicius Gallus ... à une époque où ... il se trouvait par hasard chez Marcus Marcellus, son collègue au consulat [166 avant JC], ordonna de sortir *le globe céleste que le grand-père de Marcellus avait emporté de Syracuse, lorsque cette ville très riche et belle fut prise* [212 avant JC]... . Bien que j'aie souvent entendu parler de ce globe (*sphaerae*) à cause de la renommée d'Archimède, quand je l' ai vu , je ne l'ai pas particulièrement admiré ; car cet autre globe céleste, construit également par Archimède, et que le même Marcellus plaça dans le temple de la Vertu, est plus beau et plus connu du peuple. Mais lorsque Gallus commença à donner une explication très savante de l'appareil, j'en conclus que le célèbre Sicilien était doté d'un génie plus grand que l'on pourrait imaginer qu'un être humain puisse posséder. Car Gallus nous a dit que l'autre sorte de globe céleste, qui était solide et ne contenait aucun espace creux, était une invention très ancienne, le premier de ce genre ayant été construit par Thalès de Milet, et marqué plus tard par Eudoxe de Cnide - un disciple de Platon, prétendait-on, avec des constellations et des étoiles fixées dans le ciel. Il a également dit que bien des années plus tard, Aratus... l'avait décrit en vers... Mais ce nouveau type de globe, dit-il, sur lequel étaient tracés les mouvements du soleil et de la lune et de ces cinq étoiles qu'on appelle vagabonds , ou, comme on pourrait dire, les rovers [*i . e.* , les cinq planètes], contenait plus que ce qui pouvait être montré sur le globe solide, et l'invention d'Archimède méritait une admiration particulière parce qu'il avait imaginé un moyen de représenter avec précision, par un seul dispositif pour faire tourner le globe, ces mouvements divers et divergents avec leurs différents taux de vitesse. Et lorsque Gallus déplaçait [*c'est-* à-dire mettait en mouvement] le globe, il était en réalité vrai que la lune était toujours à autant de tours derrière le soleil sur l' appareil *de bronze* que le permettait le nombre de jours qu'elle était en retard dans le ciel. Ainsi , la même éclipse de soleil s'est produite sur le globe comme elle se produirait réellement, et la lune est arrivée au point où se trouvait l'ombre de la terre au moment même où le soleil (apparut ?) hors de la région... [plusieurs des pages manquent dans le manuscrit ; il n'y a qu'un seul].

De republica , I, xiv (21-22), traduction de Keyes.

Quand Archimède rassembla dans un globe les mouvements de la lune, du soleil et de cinq [planètes] errantes, il produisit le même effet que celui que le dieu de Platon produisit dans le Timée lorsqu'il créa le monde, de sorte qu'une révolution produisit des effets différents. mouvements de retard et d'accélération.

Tusculanae disputationes , I, 63.

Descriptions ultérieures d'Ovide, Lactance , Claudian, Sextus Empiricus et Pappus, respectivement, sont (italique fourni) :

Il y a un globe suspendu par l'habileté d'un Syracusain dans un bronze fermé [cadre ou sphère - ou peut-être, dans l'air fermé], une petite image de l'immense voûte [du ciel] ; et la terre est à égale distance du haut et du bas ; cela est provoqué par son [*i . e.* , la forme ronde du globe extérieur en bronze. La forme du temple [de Vesta] est similaire....

Ovide, *Fasti* (1er siècle, après JC), VI, 277-280, traduction de Frazer.

Le sicilien Archimède, a su réaliser une reproduction et une maquette du monde en *laiton concave* (concavo aère similitudinem mundi ac figuram); Il y disposa ainsi le *soleil* et *la lune* et ressembla aux révolutions célestes (caelestibus similes conversionibus) ; et pendant qu'il tournait, il montrait non seulement l'accession et la récession du soleil et la croissance et le déclin de la lune (incrémenta déminutionesque lunae), mais aussi les *courses inégales des étoiles* , qu'elles soient fixes ou errantes.

Lactance , Institutions divinae (IVe siècle après JC), II, 5, 18.

La sphère d'Archimède. Lorsque Jupiter baissa les yeux et vit les cieux représentés dans une sphère de *verre* , il rit et dit aux autres dieux : « La puissance de l'effort mortel est-elle allée si loin ? Mon œuvre est-elle maintenant imitée dans un globe fragile ? Un vieillard de Syracuse avait imité sur terre les lois du ciel, l'ordre de la nature et les ordonnances des dieux. Une influence cachée au sein de la sphère dirige les diverses trajectoires des *étoiles* et actionne la masse réaliste avec des mouvements définis. Un faux *zodiaque* traverse une année à part et une *lune jouet* croît et décroît de mois en mois. Aujourd'hui, une invention audacieuse se réjouit de faire tourner son propre ciel et de mettre les *étoiles* [les planètes ?] en mouvement par l'esprit humain...

Claudian, Carmina minora (vers 400 après JC), LI (LXVIII), traduction de
Platnaure .

Les choses qui bougent toutes seules sont plus merveilleuses que celles qui ne bougent pas. En tout cas, lorsque nous contemplons une sphère archimédienne dans laquelle se déplacent le soleil et le reste des étoiles, nous sommes immensément impressionnés par elle, et non par Zeus, parce que nous sommes étonnés du bois ou des mouvements de ces [corps *]* , mais par les dispositifs et les causes des mouvements.

Sextus Empiricus , Adversus mathematicos (3e siècle, après JC), IX, 115,
traduction d'Epps .

Les mécaniciens comprennent la fabrication des sphères et savent produire un modèle du ciel (avec la course des étoiles se déplaçant en cercles ?) au moyen de mouvements égaux et circulaires de l'eau, *et* Archimède le Syracusain, selon certains, en connaît la cause. et les raisons de tout cela.

Pappus (3e siècle, après JC), Works (édition Hultsch), VIII, 2, traduction
d'Epps .

Une disposition similaire semble être indiquée dans un autre globe mécanisé, également mentionné par Cicéron et qui aurait été réalisé par Posidonius :

Mais si quelqu'un apportait en Scythie ou en Bretagne le globe (sphaeram) que notre ami Posidonius [d' Apamée , le philosophe stoïcien] a fabriqué récemment, dans lequel chaque révolution produit les mêmes (mouvements) du *soleil* et de *la lune* et des *cinq* étoiles errantes comme cela se produit dans le ciel chaque jour et nuit, qui douterait que cela soit dû à l'exercice de la raison ?... Pourtant, les sceptiques... pensent qu'Archimède a montré plus de connaissances dans la production de mouvements par révolutions d'un globe que la nature (ne le fait) pour les effectuer . la copie est tellement inférieure à l'original....

De natura deorum , II, xxxiv-xxxv (88), traduction de Yonge.

Malgré l'absence de détails techniques suffisants, ces modèles de globes mécanisés, avec ou sans indicateurs planétaires à engrenages (ce qui en feraient des machines très complexes), présentent une ressemblance frappante avec le premier appareil chinois décrit par Chang Hê ng . . Il ne faut pas rejeter la possibilité que la transmission depuis la Grèce ou Rome ait pu atteindre l'Orient au début du IIe siècle après JC, alors qu'il travaillait. C'est une question intéressante, mais même si un tel contact s'est réellement produit, très peu de temps après, comme nous le verrons, les lignes d'évolution occidentales et orientales se sont séparées et ont évolué, autant que l'on puisse le voir, de manière tout à fait indépendante jusqu'au 12ème siècle au moins.

La prochaine source hellénistique dont nous devons prendre note est un chapitre fragmentaire et presque inintelligible des œuvres de Héros d'Alexandrie. Seul et sans rapport avec ses autres chapitres, celui-ci décrit un modèle qui semble statique, en contraste direct avec tous les autres appareils qui se déplacent par des pressions pneumatiques et hydrostatiques ; on peut très bien supposer que dans sa forme originale, ce chapitre décrivait un globe mécanisé plutôt que statique :

Le Monde représenté au Centre de l'Univers : La construction d'un globe transparent contenant de l'air et du liquide, et également d'un globe plus petit, au centre , à l'imitation du Monde. Deux hémisphères de verre sont réalisés ; l'un d'eux est recouvert d'une plaque de bronze au milieu de laquelle se trouve un trou rond. Pour combler ce trou, on construit une boule légère, de petite dimension, et on la jette dans l'eau contenue dans l'autre hémisphère : l'hémisphère couvert est ensuite appliqué sur celui-ci, et, une certaine quantité de liquide ayant été retirée de l'eau, l'espace intermédiaire contiendra le ballon ; ainsi, par l'application du deuxième hémisphère, ce qui était proposé est accompli.

Pneumatique , XLVI, traduction de Woodcroft.

On notera que ces premières références littéraires concernent des modèles picturaux en 3 dimensions de l'univers, déplacés peut-être à la main, peut-être par l'énergie hydraulique ; il n'y a aucune preuve qu'ils contenaient des trains d'engrenages compliqués, et en l'absence de cela, nous pouvons penser que, au moins dans les premiers modèles de ce type, les engrenages n'étaient pas utilisés.

Les développements suivants concernèrent d'une part l'augmentation de la sophistication mathématique du modèle, d'autre part sa complexité mécanique. Dans les deux cas, nous avons la chance de disposer de preuves archéologiques qui dépassent de loin toutes les sources littéraires.

Le processus mathématique consistant à cartographier une sphère sur une surface plane par projection stéréographique a été introduit par Hipparque et a eu par la suite une grande influence sur les techniques et les instruments astronomiques. En particulier, à l'époque de Ptolémée (*vers* 120 après JC), elle avait conduit aux inventions successives de l'horloge anaphorique et de l' astrolabe planisphérique . [12] Ces deux appareils consistent en une paire de projections stéréographiques, l'une de la sphère céleste avec ses étoiles, son écliptique et ses tropiques, l'autre des lignes d'altitude et d'azimut définies pour un observateur situé à une latitude particulière.

Dans l'astrolabe, un cadre métallique ajouré contenant des inscriptions pour les étoiles, etc., peut être tourné à la main sur un disque sur lequel sont inscrites les lignes d'altitude et d'azimut. Dans l'horloge anaphorique, un disque gravé d'étoiles tourne automatiquement derrière une grille fixe de fils marquant les lignes d'altitude et d'azimut. La puissance nécessaire à la rotation du disque est fournie par un flotteur s'élevant dans une jarre de clepsydre et relié, par une corde ou une chaîne passant sur une poulie à un contrepoids ou par une crémaillère et un pignon, à un axe qui supportait le disque en rotation et communiquait ce mouvement à il. [13]

Figure 5. PLAQUE DE L'HORLOGE ANAPHORIQUE DE SALZBOURG , une reconstruction (voir note de bas de page 14) basée sur une photographie du fragment restant. (*Avec l'aimable autorisation d'Oxford University Press.*)

Des parties de deux disques de ce type provenant d'horloges anaphoriques ont été trouvées, l'une à Salzbourg [14] et l'autre à Grand dans les Vosges [15], toutes deux datant du IIe siècle après JC. Heureusement, il existe suffisamment de preuves pour reconstituer le disque de Salzbourg et montrer qu'il doit avoir mesurait à l'origine environ 170 cm. de diamètre, une lourde feuille de bronze à faire tourner grâce à la petite puissance fournie par un flotteur, et un dispositif grand et impressionnant lors du travail (voir fig. 5). Les récits littéraires de l'horloge anaphorique ont été analysés par Drachmann ; il n'y a aucune preuve de la représentation de planètes déplacées soit à la main, soit par un engrenage automatique, ce n'est que dans le cas important du soleil qu'une telle caractéristique a été incluse par nécessité. Un modèle de « soleil » sur une broche pourrait être branché sur l'un des 360 trous percés à intervalles égaux le long de la bande de l'écliptique. Cette épingle pouvait être déplacée chaque jour afin que l'horloge anaphorique suive la variation saisonnière des heures de lever et de coucher du soleil et de la durée du jour et de la nuit.

L'horloge anaphorique n'est pas seulement à l'origine de l'astrolabe et de tous les modèles planétaires ultérieurs, elle est également le premier cadran d'horloge, établissant une norme pour la rotation "dans le sens des aiguilles d'une montre", et laissant sa marque dans le cadran rotatif et l'aiguille stationnaire trouvés sur les premiers horloges de chronométrage avant le passage à un cadran fixe et une aiguille mobile.

Nous arrivons enfin à une preuve archéologique qui surpasse tout le reste. Bien que mal conservé et peu étudié, il pourrait bien s'agir de l'objet classique le plus important jamais découvert ; impliquant une réestimation complète des prouesses techniques des Grecs hellénistiques. En 1901, un navire au trésor coulé a été découvert au large de l'île d'Anticythère, entre la Grèce et la Crète. [16] De nombreuses belles œuvres de statuaire classiques y ont été récupérées, et celles-ci font désormais partie des plus grands trésors du Musée national d'Athènes, en Grèce. Outre ces reliques d'art manifestement désirables, de curieuses pièces de métal sont apparues à la surface, accompagnées de traces de ce qui aurait pu être un boîtier en bois. Deux mille ans sous la mer avaient réduit le métal à un amas de fragments de plaques corrodés, de vert-de-gris en poudre et de morceaux d'engrenages encore reconnaissables.

S'il n'y avait pas les dates établies pour d'autres trésors de ce navire, notamment les objets mineurs trouvés, et les traces d'inscriptions sur cet objet métallique écrites en lettres concordant épigraphiquement avec les autres objets, on aurait peu de doute à supposer qu'un tel objet une machinerie complexe datant au plus tôt du XVIIIe siècle. Dans l'état actuel des choses, les estimations concordent sur *environ.* 65 avant JC ±10 ans, et nous pouvons être sûrs que la machine est d'origine hellénistique, peut-être de Rhodes ou de Cos.

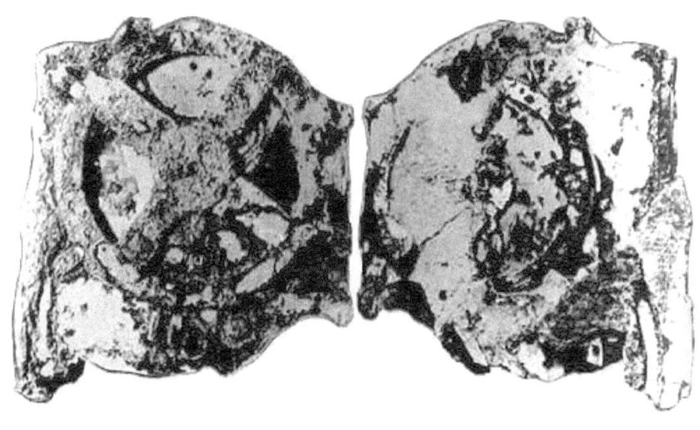

Figure 6.— MACHINE D'ANTICYTHÈRE, PLUS GROS FRAGMENT. (*Photo fournie par le Musée national d'Athènes.*)

Les inscriptions, seulement partiellement lisibles, laissent croire qu'il s'agit d'une sorte de mécanisme de calcul astronomique. Ceci est confirmé par la construction mécanique évidente sur les fragments. Le plus grand (fig. 6) contient une multiplicité d'engrenages comprenant un engrenage annulaire travaillant un engrenage épicycloïdal sur un plateau tournant, une couronne et au moins quatre trains séparés d'engrenages plus petits, ainsi qu'une roue motrice à 4 rayons. L'un des plus petits fragments (fig. 7, en bas) contient une série d'anneaux mobiles qui auraient pu servir à porter des échelles mobiles sur l'un des trois cadrans. Le troisième fragment (fig. 7, en haut) présente une paire d'anneaux soigneusement gravés et gradués en degrés du zodiaque (c'est d'ailleurs la plus ancienne échelle gravée connue, et des mesures micrométriques sur des photographies ont indiqué une imprécision maximale d'environ 1/ 2° au 45° présent).

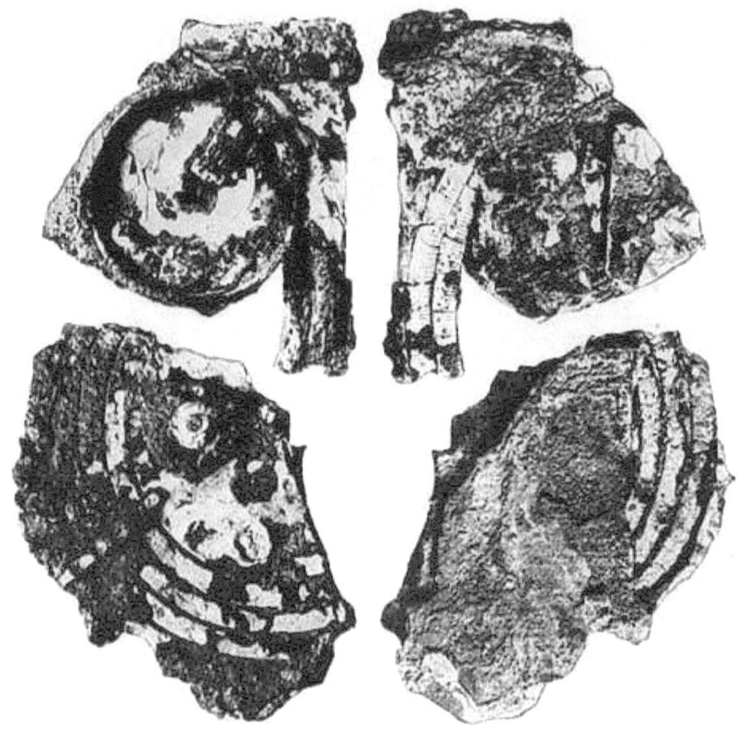

Figure 7.— MACHINE D'ANTICYTHÈRE, DEUX FRAGMENTS PLUS PETITS. (*Photo fournie par le Musée national d'Athènes.*)

Malheureusement, la tâche très difficile de nettoyage des fragments est lente, et aucune publication n'a encore donné suffisamment de détails pour une explication adéquate de cet objet. On peut seulement dire que, même si les problèmes de restauration et d'analyse mécanique sont particulièrement importants, cet artefact constitue sans aucun doute l'artefact scientifique le plus important préservé de l'Antiquité.

Certains détails techniques peuvent néanmoins être glanés. La forme des dents de l'engrenage semble être presque exactement des triangles équilatéraux dans tous les cas (fig. 8), et des tiges carrées peuvent être vues au centre de certaines roues. Aucune roue n'est assez complète pour compter les dents d'un engrenage, mais une reconstruction provisoire par Theophanidis (fig. 9) a montré que les apparences sont cohérentes avec la théorie selon laquelle le but des engrenages était de fournir les rapports angulaires corrects pour déplacer l'engrenage. le soleil et les planètes à leurs vitesses relatives appropriées.

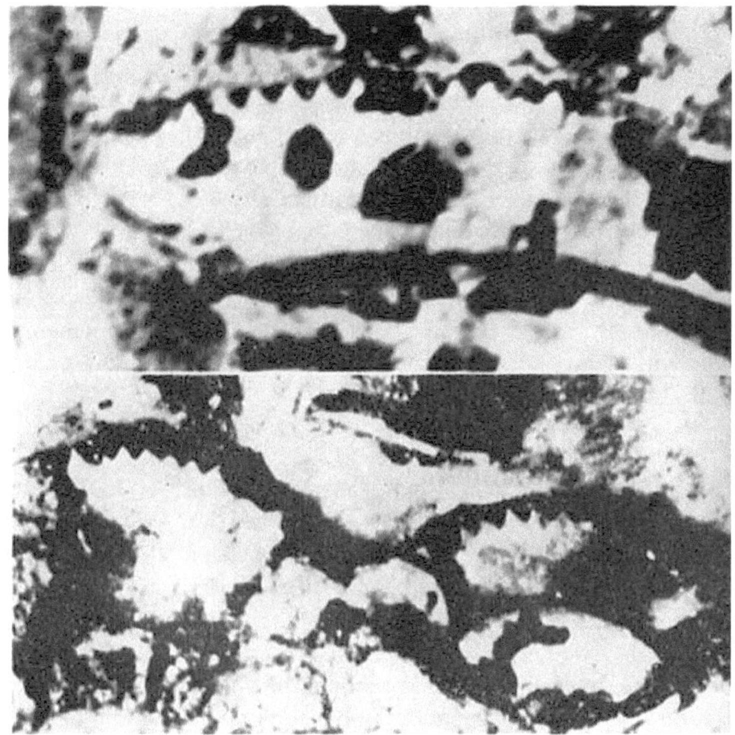

Figure 8.— MACHINE D'ANTICYTHÈRE, DÉTAIL DE LA FIGURE 6 , montrant l'engrenage. (*Photo fournie par le Musée national d'Athènes.*)

Ainsi, si l'on doit prendre au pied de la lettre les preuves de la machine d'Anticythère, nous avons déjà à l'époque classique l'utilisation d'appareils astronomiques aussi compliqués que n'importe quelle horloge. En tout cas, le matériel fourni par les œuvres attribuées à Archimède, à Héro et à Vitruve, ainsi que les témoignages plus certains des horloges anaphoriques suffisent à montrer qu'il existait une forte tradition classique de telles machines, tradition qui a inspiré, même si cela n'a pas influencé directement les développements ultérieurs de l'Islam et de l'Europe d'un côté, et, peut-être, de la Chine de l'autre.

Note ajoutée en preuve :

Depuis la rédaction de ces lignes, j'ai eu le privilège de procéder à un examen complet des fragments conservés au Musée national d'Athènes. En conséquence , nous pouvons lire beaucoup plus d'inscriptions et distinguer beaucoup plus de détails sur le mécanisme. Le nettoyage et le démêlage des fragments par le personnel du musée ont atteint le stade où l'on peut affirmer de manière beaucoup plus positive que l'appareil était un ordinateur astronomique pour les phénomènes sidéraux, solaires, lunaires et peut-être aussi planétaires. (Voir mon article dans le *Scientific American* , juin 1959, vol. 200, n° 6, pp. 60-67.) En rapport avec la présente étude, il faut également noter à ce stade que la machine s'avère maintenant fortement lié à l'astrolabe à engrenages d'al- Biruni et ainsi les développements hellénistiques, islamiques et européens sont encore plus étroitement liés.

Tournons-nous maintenant vers les civilisations qui furent des intermédiaires, géographiquement et culturellement, entre la Grèce et l'Europe médiévale, et entre l'une et l'autre et la Chine. De l'Inde, il n'existe que deux références, très étroitement liées et apparaissant dans les textes astronomiques les plus connus à propos des descriptions de la sphère armillaire et du globe céleste. Ces textes sont tous deux assez confus, mais pour autant que l'on puisse les comprendre, il semble que les types de sphères et de globes mentionnés s'apparentent davantage à ceux courants en Chine qu'en Occident. Les parties pertinentes du texte sont les suivantes (italique fourni) :

Le cercle de l'horizon est à mi-chemin de la sphère. Comme recouverte d'un boîtier et laissée découverte, c'est la sphère entourée de Lokāloka [la chaîne de montagnes qui formait la limite de l'univers dans la géographie puranique]. Par l'application d'eau, on constate la révolution du temps. On peut construire une sphère-instrument combinée avec du vif-argent : c'est un mystère ; si elle était clairement décrite, elle serait généralement intelligible dans le monde. Que la sphère suprême soit donc construite selon les instructions du précepteur [gourou]. A chaque époque successive, cette construction, perdue, est, par la faveur du Soleil , de nouveau révélée à l'un ou l'autre, à son gré. De même, il faut construire des instruments pour connaître le temps. Lorsqu'on est tout seul, on devrait appliquer du vif-argent sur l'instrument qui fait des merveilles. Par le gnomon, le bâton, l'arc, la roue, les instruments pour prendre les ombres de diverses sortes... Par les instruments à eau, le vaisseau, par le paon, l'homme, le singe et par les récipients à sable à cordes, on peut déterminer le temps avec précision. On y utilise des trous de mercure, de l'eau et des cordes, de l'huile et de l'eau, du mercure et du sable : ces applications sont également difficiles.

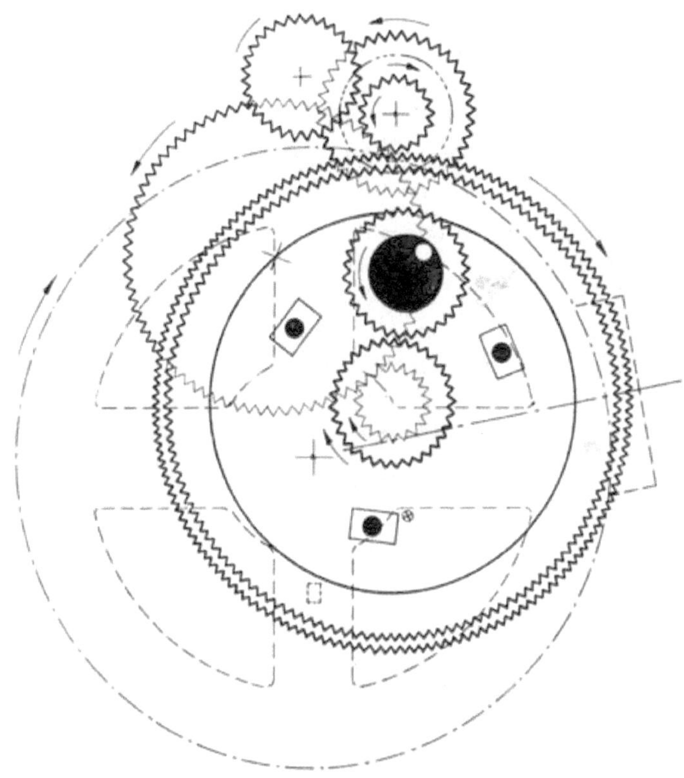

Figure 9.— MACHINE D'ANTICYTHÈRE, RECONSTRUCTION PARTIELLE
PAR THEOPHANIDIS (voir note de bas de page 16).

Un instrument auto-tournant [ou swayanvaha yantra] : Fabriquez une roue
en bois clair et placez dans sa circonférence des rayons creux ayant tous des
alésages du même diamètre, et laissez-les être placés à égales distances les uns
des autres ; et qu'on les place aussi à un angle quelque peu éloigné de la
perpendiculaire : puis remplissez à moitié ces rayons creux de mercure ; la
roue ainsi remplie, placée sur un axe supporté par deux poteaux, tournera
d'elle-même.

Ou creusez un canal dans le pneu de la roue, puis plâtrez des feuilles de
l'arbre Tâ la sur ce canal avec de la cire, remplissez une moitié de ce

canal avec de l'eau et l' autre moitié avec du mercure, jusqu'à ce que l'eau
commence à sortir, puis bouchez l' orifice laissé ouvert pour le remplissage
de la roue. La roue tournera alors toute seule, entraînée par l'eau.

Description d'un siphon : Fabriquez un tube de cuivre ou autre métal, pliez-
le en forme d' Ankus'a ou crochet d'éléphant, remplissez-le d'eau et bouchez
les deux extrémités. Et puis en mettant une extrémité dans un réservoir d'eau,
laissez l'autre extrémité rester suspendue à l'extérieur. Débouchez
maintenant les deux extrémités. L'eau du réservoir sera entièrement aspirée
et tombera à l'extérieur.

Attachez maintenant au bord de la roue auto-tournante décrite ci-dessus un
certain nombre de pots à eau, et placez la roue et ces pots comme la roue à
eau de manière à ce que l'eau de l'extrémité inférieure du tube qui y coule
d'un côté soit fixée. la roue en mouvement, poussée par le poids
supplémentaire des pots ainsi remplis. L'eau qui s'écoule des pots lorsqu'ils
atteignent le fond de la roue tournante doit être aspirée dans le réservoir
avant d'y faire allusion au moyen d'un cours d'eau ou d'un tuyau.

La machine auto-tournante [mentionnée par *Lalla* , etc.] qui a un tube dont
l'extrémité inférieure est ouverte est une machine vulgaire à cause de sa
dépendance , car ce qui manifeste un artifice ingénieux et non rustique est
dit une machine. .

On rencontre d'ailleurs beaucoup de machines à rotation automatique, mais
dont le mouvement est obtenu par une ruse. Ils ne sont pas liés au sujet en
discussion. J'ai été amené à mentionner leur construction, simplement parce
qu'ils ont été mentionnés par d'anciens astronomes.

Siddhanta Siroma ṇ *i* , xi, 50-57, traduction de L. Wilkinson,
révisée par B à pu˙ deva S(h) à stri , Calcutta, 1861.

Avant de procéder à une étude du contenu de ces textes, il est d'une
importance considérable d'en établir des dates, même si l'établissement d'une
chronologie pour l'astronomie hindoue présente de nombreuses difficultés.
La *Surya Siddhānta* est connu à ce jour, dans sa forme originale, du début du
Moyen Âge, *vers 1900*. 500. La section en question est cependant de toute
évidence une interpolation d'une recension ultérieure, très probablement
celle qui a établi le texte complet tel qu'il se présente actuellement ; il a été
diversement daté comme *ca.* 1000 à *env.* 1150 après JC La date du *Siddhānta
Siroma* ṇ *i* est plus certain car nous savons qu'il a été écrit vers 1150 par
Bhāskara (né en 1114). Ainsi, ces deux passages doivent avoir été écrits à
moins d'un siècle de la grande tour de l'horloge construite par Su Sung. Les
détails techniques nous amèneront à supposer qu'il existe plus qu'une
connexion temporelle.

Nous avons déjà noté que les sphères armillaires et les globes célestes décrits juste avant ces extraits s'apparentent davantage dans leur conception à la pratique chinoise qu'à la pratique ptolémaïque. La mention du mercure et du sable comme alternatives à l'eau pour le fluide de l'horloge est une autre caractéristique très répandue en chinois mais absente dans les textes grecs. Les deux textes semblent conscients de la complexité de ces dispositifs et il y a une allusion (elle est perdue et révélée) que l'histoire a été transmise, à moitié comprise, depuis une autre époque ou une autre culture. Il convient également de noter que les mentions de cordes et de ficelles plutôt que d'engrenages, et l'utilisation de sphères plutôt que de planisphères suggèrent que nous avons affaire à des dispositifs similaires aux premiers modèles grecs plutôt qu'aux dispositifs ultérieurs, ou à la pratique chinoise.

Une note tout à fait nouvelle et importante est injectée par le passage du texte de Bhāskara . Évidemment intrusif dans ce texte astronomique nous avons la description de deux "roues à mouvement perpétuel" ainsi qu'une troisième, fustigée par l'auteur, qui aide à sa perpétuité en laissant l'eau s'écouler d'un réservoir au moyen d'un siphon et tomber dans des pots sur le pourtour. de la roue. Celles-ci semblent également être la base, dans l'extrait de la *Sūrya Siddhānta* , de « l'instrument prodigieux » auquel le mercure doit être appliqué.

Dans les sections suivantes, nous montrerons que cette idée d'un dispositif à mouvement perpétuel se retrouve à nouveau en conjonction avec les modèles astronomiques dans l'Islam et peu après dans l'Europe médiévale. À chaque instant, comme ici, il y a des échos d'autres cultures. En plus de ceux déjà mentionnés, nous trouvons les mystérieux « paon, homme et singe », cités comme faisant partie de la fabrication des horloges astronomiques de l'Islam, associés à l'entraînement par poids si essentiel à l'horlogerie européenne ultérieure.

Nous avons déjà vu qu'à l'époque classique il existait déjà deux types différents de protohorloges ; l'un, qui peut être qualifié de « non mathématique », conçu uniquement pour fournir une aide visuelle à la conception du cosmos, l'autre, qui peut être qualifié de « mathématique », dans lequel la projection ou l'engrenage stéréographique a été utilisé pour faire du dispositif un dispositif quantitatif plutôt que mathématique. représentation qualitative. Ces deux lignes se retrouvent à nouveau dans le domaine de la culture islamique.

Des protocoles non mathématiques , à peine éloignés des formes classiques, apparaissent continuellement à travers l'époque byzantine et dans l'Islam dès qu'il s'est remis des premiers chocs de sa formation. Procope (mort *vers* 535) décrit une horloge à eau monumentale qui a été érigée à Gaza *vers 535*. 500. [17] Il contenait des œuvres impressionnantes , comme une tête de Méduse qui roulait des yeux toutes les heures, affichant l'heure à travers des ouvertures éclairées et montrant des interprétations mythologiques du cosmos. Tous ces effets ont été produits par des techniques héroniques , utilisant la puissance hydraulique et des marionnettes déplacées par des cordes plutôt que par des engrenages.

Toujours en 807, une horloge d'exposition tout aussi merveilleuse en bronze fut envoyée par Harun-al-Rashid à l'empereur Charlemagne ; il semble avoir été du même type, avec automates et ouvrages hydrauliques. Au cours des siècles suivants, l'Islam était dans son âge d'or de développement de l'astronomie technique (*environ* 950-1150) et l'attention s'est peut-être concentrée sur les protocoles plus mathématiques . Vers la fin du XIIe siècle, cependant, l'ancienne tradition connut un renouveau, principalement à la cour de l' empereur Saladin (1146-1173), lorsqu'une grande horloge à eau automatique, plus magnifique que toutes les autres, fut érigée à Damas. Elle fut reconstruite, après 1168, par Mu ḥ ammad b. ' Ali b. Rustum , et réparé et amélioré par son fils, Fakhr ad- dīn Riḍ wān b . Mu ḥ ammad, [18 ans] , qui est le plus important en tant qu'auteur d'un livre qui décrit avec des détails techniques considérables la construction de cette horloge et d'autres . Étroitement associés à son livre, on trouve également des textes traitant des dispositifs à mouvement perpétuel, que nous examinerons plus tard.

Au cours du siècle qui suivit cette exubérance horlogère à Damas, le centre de gravité de l'astronomie islamique se déplaça de l'Orient vers l'Occident hispano-mauresque. Dans le même temps, de nouvelles preuves apparaissent que la gamme de protocoles mathématiques n'a pas été laissée sans surveillance. Ceci est suggéré par une description donnée par Trithème d'un autre don royal d'Orient vers Occident qui semble avoir été différent des automates et dispositifs hydrauliques de la tradition de Procope à Riḍ wān :
[19]

La même année [1232], Saladin d'Egypte envoya par ses ambassadeurs en cadeau à l'empereur Frédéric une machine précieuse d'une construction merveilleuse valant plus de cinq mille ducats. Car il semblait ressembler intérieurement à un globe céleste dans lequel les figures du soleil, de la lune et d'autres planètes formées avec la plus grande habileté se déplaçaient, poussées par des poids et des roues, de sorte qu'en accomplissant leur course à intervalles certains et fixes, elles indiquaient l'heure. nuit et jour avec une certitude infaillible ; aussi les douze signes du zodiaque avec certains caractères appropriés, mûs avec le firmament, contenaient en eux le cours des planètes.

L'expression « ressemblait intérieurement » est d'un intérêt particulier dans ce passage ; cela peut peut-être provenir d'une mauvaise traduction du terme technique pour projection stéréographique de la sphère, et si tel est le cas , l'appareil aurait pu être une horloge anaphorique ou un autre appareil astrolabique .

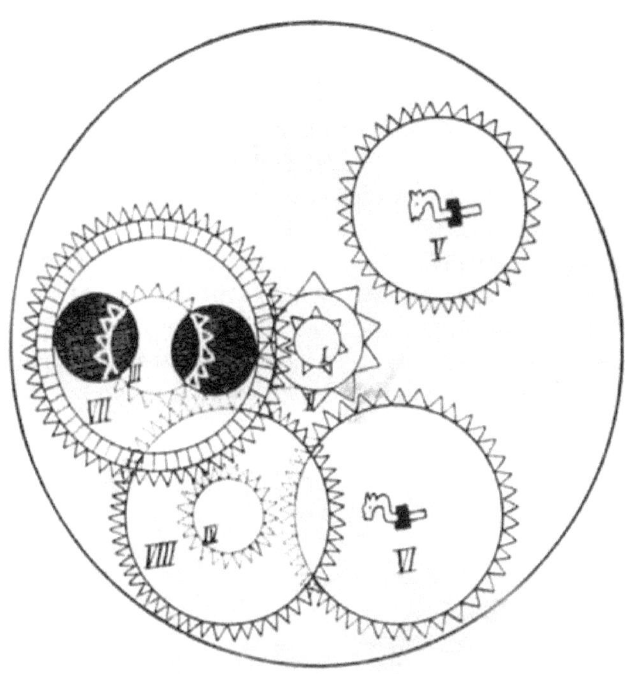

Figure 10.— ENGRENAGE CALENDAIRE CONÇU PAR AL- BIRUNI , *ca.* AD 1000. Le nombre de trains d'engrenages est de 40-10+7-59+19-59+24-48. L'engrenage de 48 effectue donc 19 rotations (annuelles) tandis que celui de 19-59 présente 118 doubles lunaisons de 29+30=59 jours. L'engrenage de 40 montre une rotation (lunaire) en exactement 28 jours, et les pignons centraux 7+10 tournent en exactement une semaine. D'après Wiedemann (voir note de bas de page 20).

Ceci est rendu plus probable par l'existence d'une concentration spécifiquement islamique sur l'astrolabe et sur son instrument planétaire compagnon, l' équatorium , en tant que dispositifs permettant de mécaniser le calcul par l'utilisation d'analogues géométriques. L' astrolabe planisphérique ordinaire , bien entendu, était connu dans l'Islam depuis ses premiers jours jusqu'à presque aujourd'hui. Depuis l'époque d'al- Biruni (*vers* 1000) – ce qui est peut-être significatif, il est bien connu pour son récit de voyage en Inde – il y a une innovation remarquable.

Le texte le plus pertinent pour notre propos est un texte, décrit pour la première fois par Wiedemann20, [dans] lequel al- Biruni explique comment un train d'engrenages spécial peut être utilisé pour montrer les révolutions du soleil et de la lune à leurs vitesses relatives et pour démontrer la changement de phase de la lune, caractéristiques d'une importance fondamentale dans le système calendaire islamique (lunaire). Ce dispositif utilise nécessairement des roues dentées avec un nombre impair de dents (*par exemple* , 7, 19, 59) comme dicté par les constantes astronomiques impliquées (voir fig. 10). Les dents ont la forme de triangles équilatéraux et des tiges carrées sont utilisées, exactement comme sur la machine d'Anticythère. Des cales à tête de cheval sont utilisées pour la fixation ; une tradition empruntée aux *Farās en forme de cheval* utilisés pour attacher l'astrolabe traditionnel. Le diagramme des phases lunaires nous intéresse particulièrement, qui est exactement le même dans sa forme et sa structure que la volvelle lunaire qui apparaît plus tard dans l'horlogerie et que l'on trouve encore si couramment aujourd'hui, notamment comme décoration pour le cadran des horloges de grand-père.

Figure 11.— ASTROLABE À ENGRENAGES DE MU Ḥ AMMAD B. ABĪ BAKR D'ISPAHAN , 1221-1222 après JC. (*Photo fournie par le Science Museum de Londres.*)

de Biruni est le premier appareil à engrenages compliqué jamais enregistré et il est donc d'autant plus significatif qu'elle comporte une fonctionnalité trouvée dans les horloges ultérieures. D'après la seule description manuscrite, on ne pouvait pas dire s'il était conçu pour une action automatique ou simplement pour être tourné à la main. Heureusement, ce point est mis en évidence par la survie la plus heureuse d'un spécimen intact de cet appareil, sans aucun doute la plus ancienne machine à engrenages existant dans un état complet.

Figure 12.— ENGRENAGE D'ASTROLABE ILLUSTRÉ À LA FIGURE 11. Le nombre de trains d'engrenages est le suivant : 48-13+8-64+64-64+10-60. Le pignon de 8 a été incorrectement remplacé par un pignon de 10 plus moderne. Le pignon de 48 doit faire 13 tours (lunaires) tandis que le pignon double de 64+64 fait 6 tours de mois doubles (de 29-30 jours) et le l'engrenage de 60 effectue un seul tour au cours de l' année hégirale de 354 jours. (*Photo fournie par le Science Museum de Londres.*)

Ce monument de l'histoire des sciences et de la technologie est aujourd'hui conservé au Musée d'histoire des sciences d'Oxford, en Angleterre. [21] Il s'agit d'un astrolabe, daté de 1221-22 et signé par son créateur Mu ḥ ammad b. Abī Bakr (mort en 1231-1232) d'Ispahan, Perse (voir fig. 11 et 12). La ressemblance très étroite avec la conception de Biruni est tout à fait évidente, bien que l'engrenage ait été très intelligemment simplifié de sorte qu'une seule roue ait un nombre impair de dents (13), le reste étant beaucoup plus facile à délimiter géométriquement (par exemple, *10* , 48, 60 et 64 dents). La vollle de la phase lunaire est visible à travers l'ouverture circulaire à l'arrière de l'astrolabe. Il est bien certain qu'aucune action automatique n'est prévue ; lorsque le pivot central est tourné, à la main, probablement en utilisant le rete de l'astrolabe comme « poignée », les cercles calendaires et la phase lunaire sont déplacés en conséquence. Utiliser un tour par jour serait trop lent pour un réajustement utile de l'instrument, en pratique un tour correspond plutôt à un intervalle d'une semaine.

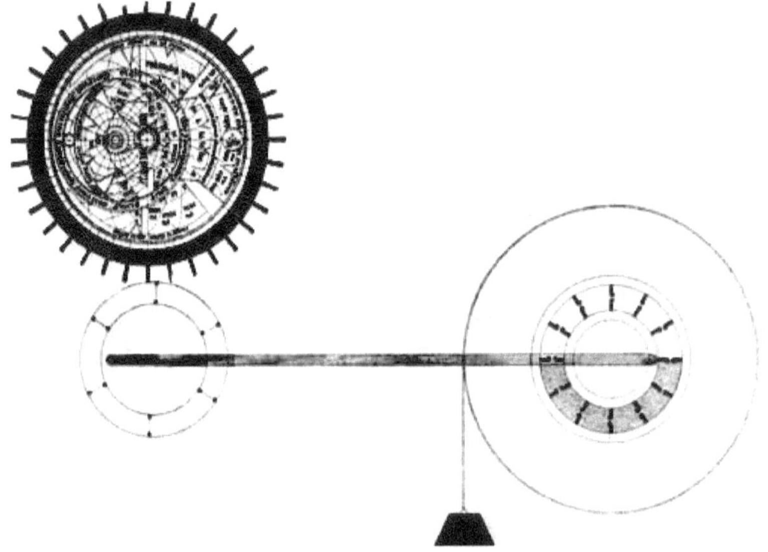

Figure 13.— Horloge astrolabe, régulée par un tambour à mercure , tirée des Alfonsine *Libros del saber* (voir note de bas de page 22).

Parallèlement à ce développement ciblé de l'astrolabe, la même période islamique fait naître un nouvel appareil, l' équatorium , un modèle mécanique destiné à simuler les constructions géométriques utilisées pour trouver la position des planètes dans l'astronomie ptolémaïque. La méthode est peut-être déjà née à l'époque classique, un dispositif simple étant décrit par Proclus Diadochus (*vers* 450), mais le premier équatorium planétaire général, bien que rudimentaire, semble avoir été décrit par Abulcacim . Abnacahm (*vers* 1025) à Grenade ; il nous a été transmis dans le castillan archaïque des *Livres du sabre d' Alfonsine* . [22] Les sections de ce livre, traitant des *Laminas de las VII Planetas* , décrivent non seulement cet instrument mais aussi la modification améliorée introduite par Azarchiel (né *vers* 1029, mort *vers* 1087).

Aucun exemple islamique de l' équatorium n'a survécu, mais à partir de cette période, il semble y avoir eu une longue et active tradition de ceux-ci, et ils ont finalement été transmis à l'Occident, avec le reste du corpus alfonsin. Le plus important pour notre argument est qu'ils constituaient la base des modèles astronomiques mécanisés de Richard de Wallingford (*ca.* 1320) et probablement d'autres, et pour la grande horloge astronomique déjà mentionnée de Dondi . En fait, les rouages et cadrans compliqués de l'horloge de De Dondi constituent une série d' équatorias , mécanisés de la même manière que le dispositif calendaire décrit par Biruni .

Il est évident que nous nous rapprochons maintenant du début de la véritable horloge mécanique, et notre dernière étape, également tirée du corpus alfonsin de l'Islam occidental, nous fournit un lien important entre l'horloge anaphorique, la commande de poids et un mécanisme très important. curieux dispositif à mouvement perpétuel, la roue à mercure, utilisée comme échappement ou régulateur. Le livre d'Alphonsine sur les horloges contient des descriptions de cinq appareils en tout, dont quatre sont dus à Isaac b. Sid (deux cadrans solaires, une horloge à eau automatique et l'horloge à mercure actuelle) et un à Samuel ha-Levi Adulafia (une horloge à bougie) - ils ont probablement été composés juste avant *ca.* 1276-77.

Figure 14.— ROUE ISLAMIQUE À MOUVEMENT PERPÉTUEL , d'après le

manuscrit cité par Schmeller (voir note de bas de page 26).

Figure 15.— UNE AUTRE ROUE À MOUVEMENT PERPÉTUEL, d'après le texte cité dans la figure 14.

L'horloge au mercure d'Isaac b. Sid est constitué d'un cadran astrolabe, tourné comme dans l'horloge anaphorique, et équipé de 30 dents d'engrenage en forme de feuille (voir fig. 13). Ceux-ci sont entraînés par un pignon à 6 battants monté sur un axe horizontal (représenté très schématiquement sur l'illustration) et à l'autre extrémité de cet axe se trouve une roue sur laquelle est monté le tambour spécial à mercure qui est entraîné par un entraînement à poids normal.

C'est le fût à mercure qui constitue la caractéristique la plus nouvelle de cet appareil ; le fluide, confiné dans 12 chambres pour n'en remplir que 6, doit filtrer lentement à travers de petits trous dans les parois de contrainte. En pratique, bien entendu, les surfaces supérieures de mercure ne seront pas planes, mais plus hautes à droite de manière à équilibrer dynamiquement le moment du poids appliqué sur sa corde entraînée. Cette curieuse disposition montre des similitudes avec les « trous de mercure » indiens, avec les dispositifs à mouvement perpétuel trouvés dans la tradition médiévale européenne ainsi que dans les textes associés à Riḍ wān , que nous examinerons ensuite.

Il est du plus grand intérêt pour notre thème que les contributions islamiques à l'horlogerie et au mouvement perpétuel semblent former un corpus étroitement lié. Une série très importante de textes horlogers, dont ceux de Riḍ wān et d'al- Jazarī , ont été édités par Wiedemann et Hauser . [23] D'autres textes islamiques donnent des versions des horloges à eau et des automates d'Archimède et de Héro et Philon d'Alexandrie. [24] Dans au moins trois cas [25,] ces textes sont également associés à des textes décrivant des roues à mouvement perpétuel et d'autres dispositifs hydrauliques. Trois manuscrits de ce type ont été publiés en traduction allemande par Schmeller. [26] Les dispositifs comprennent une roue à plusieurs chambres (voir fig. 14) semblable à « l'échappement » à mercure d'Alfonsine, une roue de tubes inclinés construite comme la noria (voir fig. 15), des roues de poids oscillant sur des bras comme décrit par Villard de Honnecourt , et un dispositif remarquable qui semble être le premier exemple connu d'entraînement par poids. Cette dernière machine est une pompe, dans laquelle une chaîne de seaux sert à faire monter l'eau en passant sur une poulie qui est engrenée sur un tambour actionné par un poids tombant (voir fig. 16); peut-être pour des raisons d'équilibre, l'ensemble est réalisé en double avec des axes communs pour les pièces correspondantes.

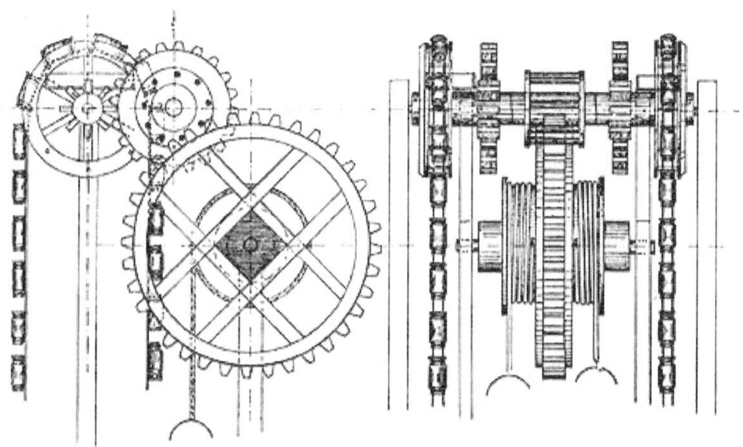

Figure 16.— POMPE ISLAMIQUE ALIMENTÉE PAR UN ENTRAÎNEMENT PAR POIDS , d'après le texte cité dans la figure 14.

La tradition islamique des horloges à eau n'impliquait pas l'utilisation d'engrenages, bien que très occasionnellement, une paire soit utilisée pour faire tourner la puissance selon un angle lorsque cela est dicté par l'utilisation d'une roue à eau dans les automates. Pour l'essentiel, tout est actionné par des flotteurs et des ficelles ou par des forces hydrauliques ou pneumatiques, comme dans les appareils Heros . Les automates sont très élaborés, avec des figures d'hommes, de singes, de paons, etc., symbolisant le passage des heures.

L'EUROPE MÉDIÉVALE

Des échos de presque tous les développements déjà notés dans d'autres parties du monde se produisent dans l'Europe médiévale, provenant souvent de canaux de communication plus précisément déterminables que ceux mentionnés jusqu'à présent. Avant l'afflux du savoir islamique au moment de la transmission des Tables de Tolède (XIIe siècle) et des Tables d'Alfonsine (qui atteignirent Paris *vers* 1292), il y a des références occasionnelles aux « aides visuelles » mécanisées les plus primitives de l'astronomie.

Le plus célèbre d'entre eux se trouve dans un récit historique de Richer de Reims à propos de son professeur Gerbert (né en 946, plus tard pape Sylvestre II, 990-1003). Plusieurs instruments fabriqués par Gerbert sont décrits en détail ; il comprend un beau globe céleste en bois recouvert de peau de cheval et dont les étoiles et les lignes sont peintes en couleur, et une sphère armillaire comportant des tubes de visée semblables à ceux qu'on trouve toujours sur les instruments chinois mais jamais sur la variété ptolémaïque. Enfin, il cite « la construction d'une sphère, la plus appropriée pour reconnaître les planètes », mais malheureusement la description ne permet pas de savoir si les planètes modèles devaient réellement être animées mécaniquement ou non. Le texte court : [27]

une merveilleuse ingéniosité les cercles des étoiles errantes (les planètes), dont il démontra avec le plus d'efficacité à ses élèves les orbites, les hauteurs et même la distance les unes des autres. Il n'est pas approprié d'entrer ici dans le détail de la manière dont il a accompli cela, de peur que nous semblions nous éloigner de notre thème principal.

Ainsi, bien qu'il y ait un soupçon de complexité mécanique, il n'y a vraiment aucune justification pour une telle hypothèse ; la description pourrait bien impliquer uniquement une bande du zodiaque sur laquelle les orbites des planètes étaient peintes. D'un autre côté , il n'est pas inconcevable que Gerbert ait pu apprendre quelque chose sur les traditions islamiques et extra-européennes au cours de sa période d'études auprès de l'évêque de Barcelone - une bourse itinérante qui semble avoir eu de nombreuses répercussions sur l'ensemble du domaine de l'érudition européenne. .

Une fois les vannes de l'apprentissage de l'arabe ouvertes, un flot de modèles astronomiques mécanisés a afflué en Europe. Les astrolabes et les équatorias sont rapidement devenus très populaires, principalement en raison de la raison pour laquelle ils avaient été conçus, afin d'éviter de fastidieux calculs écrits. De nombreux astrolabes médiévaux ont survécu et au moins trois équatoria médiévaux sont connus. Chaucer est bien connu pour son traité sur l'astrolabe ; un manuscrit de Cambridge, contenant un traité complémentaire sur l' équatorium , a été provisoirement suggéré par le présent auteur comme étant également l'œuvre de Chaucer et la seule pièce écrite de sa propre main.

L'astrolabe à engrenages d'al- Biruni est un autre type de protocole à avoir été transmis. Un spécimen conservé au Science Museum de Londres [28] bien que malheureusement incomplet, présente un agencement très sophistiqué d'engrenages pour déplacer des aiguilles afin d'indiquer les positions et mouvements relatifs corrects du soleil et de la lune (voir fig. 17 et 18). Comme l' exemple musulman précédent, il contient des roues avec un nombre impair de dents d'engrenage (14, 27, 39) ; cependant, les dents ne sont plus de forme équilatérale, mais se rapprochent d'une forme légèrement arrondie plus moderne. Cet exemple est français et semble dater de *ca.* 1300. Un autre astrolabe gothique avec une couronne d'engrenage similaire sur le rete, datant d' *environ 1300*. 1400 (il pourrait bien être bien plus tôt) se trouve désormais dans la collection Billmeier (Londres). [29]

En passant de l'astrolabe mécanisé à l' équatorium mécanisé , nous trouvons l'œuvre de Richard de Wallingford (1292? -1336) du plus grand intérêt comme précurseur immédiat de celle de de Dondi . Il était le fils d'un ingénieux forgeron, faisant ses études au Merton College d'Oxford, alors l'école d'astronomie la plus active et la plus originale d'Europe, et remportant plus tard la distinction d'abbé de St. Albans. Un texte de lui, daté de 1326-27, décrivait en détail la construction d'un grand équatorium , plus précis et beaucoup plus élaboré que tous ceux qui l'avaient précédé. [30] Néanmoins, il s'agit évidemment d'un appareil normal à commande manuelle, comme tous les autres. En plus de cet instrument, Richard aurait construit *env.* 1320, une belle horloge planétaire pour son Abbaye. [Bale] , qui semble l'avoir vu, le considérait comme sans rival en Europe et comme la plus grande curiosité de son temps. Malheureusement, la question a été confondue par Leland, qui l'a identifié comme étant l'Albion (*c'est* -à-dire tout par un), le nom que Richard donne à son équatorium manuel . Cette horloge était en effet si complexe qu'Édouard III reprocha à l'abbé d'y avoir dépensé autant d'argent, mais Richard répondit qu'après sa mort, personne ne serait plus capable de refaire une telle chose. Il aurait laissé un texte décrivant la construction de cette horloge, mais l'absence d'une telle œuvre a conduit de nombreux écrivains modernes à soutenir l'identification de Leland et à supposer que l'appareil n'était pas une horloge mécanique.

Figure 17.— ASTROLABE FRANÇAIS À ENGRENAGES DE CONCEPTION GOTHIQUE TRÈFLE , *ca.* 1300 après JC. L'engrenage de l'aiguille est, à partir du centre : (32)/14-45+27-39, le dernier engrenant avec un engrenage annulaire concave de 180 dents autour du rebord du rete de l'astrolabe. Un deuxième indicateur, adapté à cet effet pour suivre la Lune, semble faire défaut. (*Photo gracieuseté du Science Museum. Londres.*)

Figure 18.— TRAIN D'ENGRENAGES DU POINTEUR sur la figure 17. (*Photo fournie par le Science Museum de Londres.*)

Un correctif à ce point de vue peut être trouvé dans un manuscrit de St. Albans (maintenant au Gonville and Caius College, Cambridge) qui décrit les méthodes de mise en place des roues dentées pour un horloger astronomique conçu pour montrer les mouvements des planètes. Bien que la copie manuscrite doive être datée *de ca.* 1340, cela indique clairement qu'un dispositif planétaire à engrenages était connu à St. Albans à une date précoce, et il est raisonnable de supposer qu'il s'agissait en fait de la machine fabriquée par Richard de Wallingford. Malheureusement, le texte ne semble donner aucune information pertinente sur la présence d'un échappement ou de tout autre dispositif de régulation, ni ne mentionne la source d'énergie. [32] Or, une version à engrenages de l'Albion semblerait correspondre très étroitement au cadran qui constitue la plus grande partie de l'horloge de Dondi , et pour cette raison nous suggérons maintenant que les deux horloges étaient également très étroitement liées à d'autres égards. . Ceci, aussi circonstanciel soit-il, est une preuve que l'entraînement par poids et une certaine forme d'échappement étaient connus de Richard de Wallingford, *vers 1930.* 1320. Cela réduirait l'écart entre l'horloge et les protohorloges à moins d'un demi-siècle, peut-être une seule génération, dans l'intervalle *d'environ 1320.* 1285-1320. A cet égard, il peut être intéressant de noter que Richard de Wallingford ne connaissait que le corpus des tables de Tolède, celui de l'école Alfonsine n'étant arrivé en Angleterre qu'après sa mort.

Il existe bien sûr de nombreuses références littéraires aux horloges à eau dans la littérature médiévale. En fait, la plupart d'entre elles proviennent de citations qui ont souvent été produites par erreur dans l'histoire de l'horloge mécanique, fournissant ainsi de nombreux débuts trompeurs pour cette histoire, comme nous l'avons noté précédemment dans la discussion sur l'horlogerie. Il existe cependant suffisamment de mentions pour affirmer que des horloges à eau étaient utilisées, notamment à des fins ecclésiastiques, à partir de la fin du XIIe siècle. Ainsi, Jocelin de Brakelond raconte un incendie dans l'église abbatiale de Bury St. Edmunds en 1198.[33] Les reliques auraient été détruites pendant la nuit, mais juste au moment crucial la cloche de l'horloge sonna pour matines et le maître de la sacristie a donné l'alarme. C'est alors que « les jeunes gens parmi nous coururent chercher de l'eau, les uns au puits, les autres à l'horloge » — probablement la seule fois où une horloge servait de bouche d'incendie.

Il semble probable que certaines de ces horloges à eau auraient pu être de simples clepsydres goutte à goutte, avec peut-être un arrangement frappant ajouté. Une découverte très heureuse de Drover a maintenant mis au jour une enluminure manuscrite qui montre que ces horloges à eau, au moins vers *1285* , étaient devenues plus complexes et ressemblaient assez en apparence au tambour à mercure d'Alphonsine. [34] L'illustration (fig. 19) est tirée d'une Bible moralisée écrite dans le nord de la France, et accompagne le passage où le roi Ezéchias reçoit un signe du Seigneur, le soleil étant reculé de dix pas de l'horloge. L'image montre clairement la roue hydraulique centrale et en dessous, une tête de chien qui jaillit de l'eau dans un seau soutenu par des chaînes, avec une corde (de poids ?) qui passe derrière. Au-dessus de la roue se trouve un carillon de cloches et, sur un côté, une rosace qui pourrait être une mouche ou un modèle de soleil. La roue semble avoir 15 compartiments, chacun avec un trou central (peut-être similaire à celui de l'horloge Alfonsine) et elle est supportée sur un axe carré par une console, l'axe étant calé de manière traditionnelle. Les saillies au bord de la roue peuvent être des dents d'engrenage, mais elles sont plus probablement utilisées uniquement pour déclencher le mécanisme de sonnerie. S'il n'y avait pas le bec d'eau courante, il serait très proche du modèle Alfonsine ; mais avec ces preuves, il semble impossible d'arriver à une interprétation mécanique claire.

De la région adjacente, il existe un autre récit d'une horloge à eau qui sonne, la preuve étant des inscriptions sur des ardoises, découvertes dans l'abbaye de Villers près de Bruxelles ; [35] , ceux-ci peuvent être étroitement datés de 1267 ou 1268 et fournissent les restes d'un mémorandum destiné au sacriste et à ses assistants chargés de l'horloge.

Réglez toujours l'horloge, aussi longtemps que vous puissiez attendre sur [la lettre "A"] après quoi vous verserez l'eau du petit pot (pottulo) qui se trouve là, dans le réservoir (cacabum) jusqu'à ce qu'elle atteigne le niveau prescrit, et vous devez faites de même lorsque vous réglerez [l'horloge] après complies, afin que vous puissiez dormir sur vos deux oreilles.

Un type de preuve tout à fait différent peut être obtenu dans les écrits de Robertus Anglicus en 1271 où l'on a l'impression qu'à cette époque il y avait un intérêt actif pour la tentative de fabriquer une horloge anaphorique entraînée par un poids et de réguler son mouvement par une méthode non déclarée afin qu'elle suive la rotation diurne du ciel. : [36]

Il n'est pas non plus possible à aucune horloge de suivre le jugement de l'astronomie avec une précision totale. Pourtant les horlogers (artifices horologiorum) tentent de fabriquer une roue (circulum) qui fera un tour complet pour chacun des cercles équinoxiaux , mais ils ne parviennent pas à perfectionner leur travail. Mais s'ils le pouvaient, ce serait une horloge vraiment précise (horologium verax valde) et vaut mieux qu'un astrolabe ou autre instrument astronomique pour compter les heures, si l'on savait le faire selon la méthode susdite. La méthode pour fabriquer une telle horloge serait la suivante : un homme fabrique un disque (circulum) de poids uniforme dans toutes ses parties, dans la mesure du possible. Ensuite, un poids en plomb doit être suspendu à l'axe de cette roue (axi ipsius rote) et ce poids déplacerait cette roue de telle sorte qu'elle accomplirait un tour du lever au lever du soleil, moins le temps nécessaire à une élévation d'environ un degré selon une estimation à peu près correcte. Car depuis le lever du soleil jusqu'au lever du soleil, toute l'équinoxe s'élève, et environ un degré de plus, degré par lequel le soleil se déplace à l'encontre du mouvement du firmament dans le cours d'un jour naturel. De plus, cela pourrait être fait avec plus de précision si l'on construisait un astrolabe avec un réseau sur lequel tout le cercle équinoxial serait divisé.

Figure 19.—— MANUSCRIT ILLUMINATION D'UNE HORLOGE À EAU MÉDIÉVALE , montrant une roue cloisonnée, un entraînement par poids et un carillon pour la sonnerie. De Drover (voir note de bas de page 34).

Le texte continue ensuite avec des détails techniques astronomiques sur la légère différence entre la vitesse de rotation du soleil et celle des étoiles fixes (en raison de la rotation annuelle du soleil parmi les étoiles) mais il ne donne aucune indication sur un quelconque dispositif de régulation. Encore faut-il le noter, cette source vient de France ; Robertus , bien que d'origine anglaise, étant apparemment alors maître de conférences soit à l'Université de Paris, soit à celle de Montpellier. La date de ce passage, 1271, a été prise comme *terminus post quem* de l'invention de l'horloge mécanique. Dans la section suivante, nous décrirons le texte de Peter Peregrinus, très proche de celui-ci en termes de lieu et de date, qui décrit précisément une telle machine, en le confondant avec les récits d'une sphère armillaire, d'un mouvement perpétuel et du compas magnétique - rassemblant ainsi tous ces s'unissent pour la première fois en Europe.

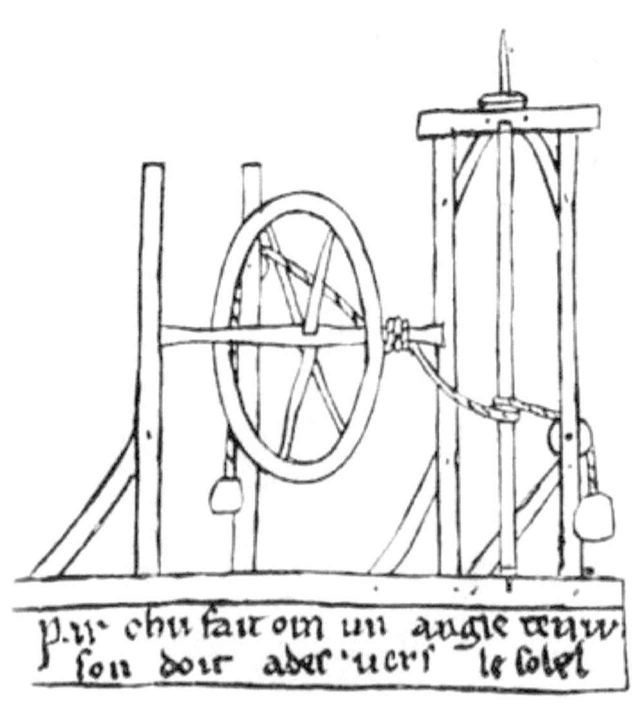

Figure 20.— Disposition pour tourner une figure d'ange. On a prétendu que ce dessin de Villard représentait un échappement. Après Lassus (voir note de bas de page 37).

Nous avons réservé au dernier élément de preuve trompeur ou non, le fameux carnet de Villard (Wilars) d' Honnecourt , près de Cambrai. L'album, attribué à la période 1240-1251, contient de nombreux dessins avec de courtes annotations, dont trois présentent un intérêt particulier pour nos investigations. [37] Ceux-ci comprennent une structure en forme de clocher étiquetée « cest li masons don orologe » (c'est la maison d'une horloge), un dispositif comprenant une corde, une roue et un essieu (fig. 20), marqué « par chu fait om un angle tenir son doit adés vers le solel » (par ce moyen on fait qu'un ange garde son doigt dirigé vers le soleil), et une roue à mouvement perpétuel que nous réserverons pour une discussion ultérieure.

La tour de l'horloge, selon Drover, ne montre aucune place pour un cadran mais suggère l'utilisation de cloches en raison de sa structure ouverte, adaptée pour laisser échapper le son. De plus, il suggère que la finesse de la ligne indique qu'il ne s'agissait pas vraiment d'un clocher de grande taille mais plutôt d'une petite structure en forme de tour ne mesurant que quelques pieds de haut à l'intérieur de l'église. Il n'y a, hélas, rien à nous dire sur l'horloge qu'elle était censée abriter ; il s'agissait très probablement d'une horloge à eau semblable à celle de la Bible illustrée de *ca*. 1285.

Le dessin de la corde, de la roue et des axes, pour faire tourner un ange vers le soleil, peut avoir une explication simple ou plus compliquée. Si on la prend à sa valeur nominale, la roue sur son axe horizontal agit comme un guindeau relié par la corde à contrepoids à l'arbre vertical qu'elle fait tourner, déplaçant ainsi (à la main) la figure d'un ange (non représenté) fixé au sommet de cette roue. dernier arbre. Une telle explication a en effet été suggérée par M. Quicherat, [38 ans], qui, le premier, a attiré l'attention sur l'album de Villard et a souligné qu'un ange de plomb existait à Chartres avant l'incendie de 1836. C'est une idée également étayée par un autre dessin de l'album. qui décrit un aigle dont la tête est tournée vers le diacre lorsqu'il lit l'Évangile. Une légère pression sur la queue de l'oiseau fait fonctionner un mécanisme de corde similaire.

Une interprétation tout à fait différente a été suggérée par Frémont; [39,] il croit que la roue a pu agir comme un volant d'inertie et que les cordes et les contrepoids, tournant d'abord dans un sens puis dans l'autre, ont agi comme une sorte d'échappement mécanique. Un tel agencement est cependant mécaniquement impossible sans un dispositif compliqué de roue libre entre l'entraînement et l'échappement, et son seul effet serait de faire osciller l'ange rapidement plutôt que de le faire tourner régulièrement. Je crois que Frémont

, trop soucieux de fournir une proto-évasion , a fait trop de violence aux faits et s'est détourné sans raison valable de l'explication plus simple et plus raisonnable. Il est néanmoins encore possible d'adopter cette interprétation simple tout en intégrant le système dans une horloge. Si le contrepoids de gauche, commodément élevé plus haut que celui de droite, était considéré comme un flotteur s'insérant dans une jarre de clepsydre, au lieu de comme un simple poids, on aurait un système automatique très convenable pour faire tourner l'ange. Selon cette explication, le but de la roue serait simplement d'assurer le réglage manuel nécessaire au réglage de l'ange de temps en temps, compensant ainsi les imprécisions irrémédiables de la clepsydre.

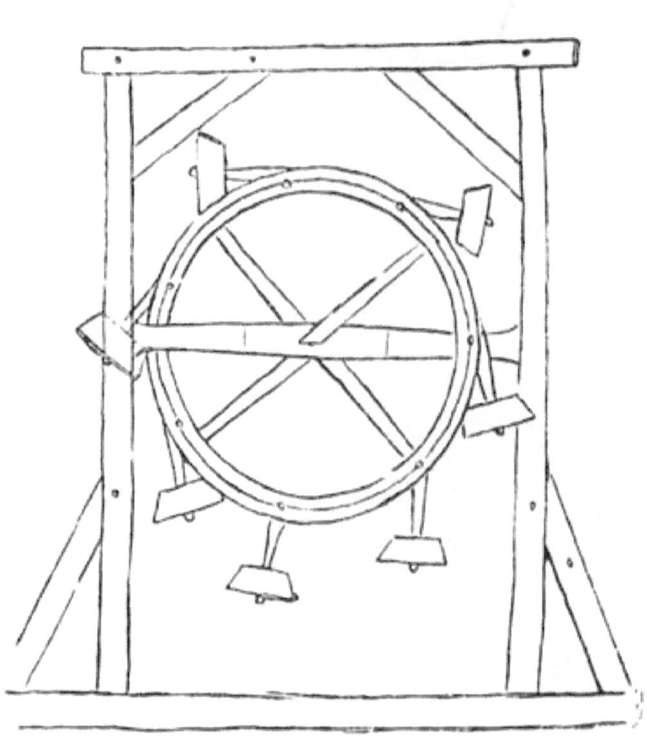

Figure 21.— ROUE À MOUVEMENT PERPÉTUEL DE VILLARD , de Lassus (voir note de bas de page 37).

Après avoir évoqué les dessins de Villard déjà cités dans la littérature horlogère, il faut attirer l'attention sur le fait que cet architecte médiéval donne également une illustration d'une roue à mouvement perpétuel. Dans ce cas (fig. <u>21</u>), il s'agit du type comportant des poids au bout des bras oscillants, type très fréquent plus tard en Europe et également évoqué dans les textes islamiques. Nous ne pouvons pas, dans ce cas, suggérer que les dessins d'horloges et d'appareils à mouvement perpétuel se produisent ensemble par plus qu'une coïncidence, car Villard semble avoir été intéressé par la plupart des types d'appareils mécaniques. Mais même ce type de coïncidence devient quelque peu frappant lorsqu'il est répété assez souvent. Il semble que chaque première mention de « roues automotrices » se produit en relation avec une sorte d'horloge ou d'appareil astronomique mécanisé.

Ayant maintenant terminé une étude des traditions des modèles astronomiques, nous avons vu que de nombreux types de dispositifs incarnant des caractéristiques trouvées plus tard dans les horloges mécaniques ont évolué à travers diverses cultures et ont afflué en Europe, se réunissant dans une explosion d'activités multiples au cours de la seconde moitié du siècle. XIIIe siècle, notamment dans la région de France. Nous devons maintenant tenter de combler le vide résiduel et, ce faisant, examiner l'importance des dispositifs à mouvement perpétuel, mécaniques et magnétiques, dans la transition cruciale entre la protohorloge et l'horloge à échappement mécanique.

Le mouvement perpétuel et l'horloge avant de Dondi

Nous avons déjà noté, plus ou moins brièvement, plusieurs cas d'utilisation de roues « se déplaçant d'elles-mêmes » ou d'utilisation d'un fluide à d'autres fins que celle de force motrice. Classés chronologiquement, ce sont les appareils indiens de *ca.* 1150 ou un peu plus tôt, comme ceux de Riḍ wān *Californie.* 1200, celle de l'horloge à mercure Alfonsine, *ca.* 1272, et l'enluminure de la Bible française de *ca.* 1285. Cela suggère fortement une transmission régulière de l'Est vers l'Ouest, et sur cette base, nous proposons maintenant provisoirement une étape supplémentaire, une transmission de la Chine vers l'Inde et peut-être plus à l'ouest, vers 1285 . 1100, et éventuellement renforcé par d'autres transmissions à des dates ultérieures.

Il suffit de supposer l'existence de vagues récits de voyageurs sur l'existence des horloges chinoises du XIe siècle avec leurs modèles astronomiques, leurs vérins et leur grande roue, se déplaçant apparemment toute seule mais utilisant de l'eau sans entrée ni sortie extérieure. Un tel stimulus, agissant comme il l'a fait plus tard lorsque Galilée a appris l'invention du télescope aux Pays-Bas, pourrait facilement conduire à la réinvention de telles roues à mouvement perpétuel, comme nous l'avons déjà noté. À bien des égards, une fois l'idée suggérée, il est naturel d'associer un tel mouvement perpétuel à la rotation diurne incessante du ciel. Cependant, sans un tel stimulus, il est difficile d'expliquer pourquoi cette association ne s'est pas produite plus tôt et pourquoi, une fois apparue, il semble y avoir une telle procession chronologique de culture en culture.

Passons maintenant à ce qui est sans doute la partie la plus curieuse de cette histoire, dans laquelle des modèles astronomiques à mouvement automatique et des roues à mouvement perpétuel sont liés aux premiers textes sur le magnétisme et la boussole magnétique, un autre sujet à l'origine historique singulièrement troublée. Le texte clé en est la célèbre *Épître sur l'aimant* , écrite par Pierre Peregrinus, un Picard, dans un camp militaire au siège de Lucera et datée du 8 août 1269.40 Malgré la datation précise, il est certain que l'ouvrage a été réalisé bien avant, car il est cité sans équivoque par Roger Bacon à au moins trois endroits, dont l'un doit avoir été écrit avant *ca.* 1250. 41

L' *épître* contient deux parties ; dans le premier, il y a un exposé général du magnétisme et des propriétés de l'aimant, se terminant par une discussion « de la question d'où l'aimant reçoit la vertu naturelle qu'il possède ». Pierre attribuait cette vertu à une sympathie pour le ciel, proposant de prouver son point de vue par la construction d'une « terrella », une sphère uniforme d'aimant qui doit être soigneusement équilibrée et montée à la manière d'une sphère armillaire, avec son axe dirigé vers le ciel. le long de l'axe polaire de la rotation diurne. Il continue ensuite :

Maintenant, si la pierre se déplace selon le mouvement du ciel, réjouissez-vous d'être arrivé à une merveille secrète. Mais sinon, qu'on l'attribue plutôt à votre propre manque d'habileté qu'à un défaut de la nature. Mais dans cette position, ou mode de placement, je considère que les vertus de cette pierre sont convenablement conservées, et je crois que dans d'autres positions ou parties du ciel, sa vertu est émoussée plutôt que préservée. Grâce à cet instrument, vous serez en tout cas libéré de toute sorte d'horloge (horologium), car grâce à lui vous pourrez connaître l'Ascendant à l'heure que vous voudrez, ainsi que toutes les autres dispositions du ciel que recherchent les astrologues.

Il convient de noter que l'appareil doit être monté comme un instrument astronomique et utilisé comme tel, plutôt que comme un indicateur de temps ou comme une simple démonstration de magnétisme. Dans la deuxième partie de l' *épître* , Pierre se tourne vers les instruments pratiques, décrivant pour la première fois la construction d'un compas magnétique constitué d'un aimant ou d'une aiguille de fer pivotée avec un boîtier marqué d'une échelle de degrés. Le troisième chapitre de cette section, concluant l' *épître* , continue ensuite avec la description d'une roue à mouvement perpétuel, « élaborée avec une merveilleuse ingéniosité, à la poursuite de laquelle j'ai vu beaucoup de gens errer et fatigués de multiples labeurs. n'ont pas remarqué qu'ils pouvaient arriver à la maîtrise de cela au moyen de la vertu ou du pouvoir de cette pierre.

Cela nous indique d'ailleurs que le dispositif à mouvement perpétuel suscitait à cette époque un intérêt considérable. [42] Curieusement, Peter ne développe pas maintenant son idée de la terrella, mais passe à quelque chose de tout à fait nouveau, un dispositif (voir fig. 22) dans lequel un aimant à barreau magnétique doit être placé vers l'extrémité d'un bras radial pivotant avec un cercle muni à l'intérieur de "dents d'engrenage" en fer, les dents étant là non pas pour s'engrener avec les autres mais pour attirer l'aimant de l'une à l'autre, une petite perle faisant contrepoids pour aider l'inertie de rotation à transporter l'aimant d'un endroit à l'autre. point d'attraction vers le suivant. Ce n'est en aucun cas le genre d'appareil que l'on développerait naturellement pour faire fonctionner le magnétisme de façon perpétuelle, et je suggère que la roue dentée est un autre exemple d'une vague idée de protocoles , peut-être celle de Su Sung, transmise du Est.

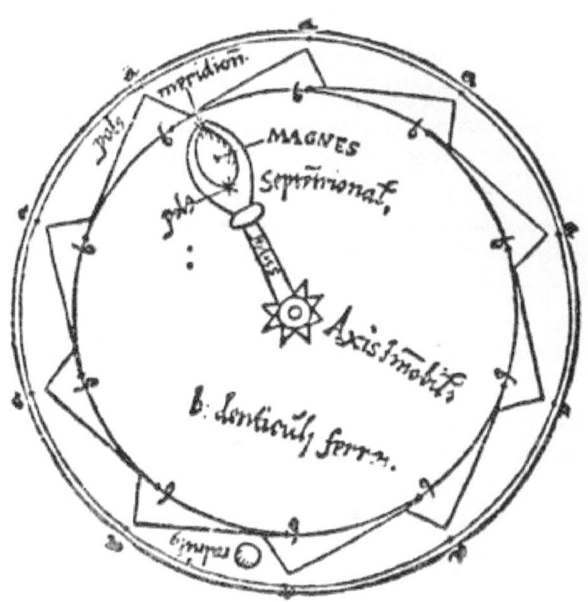

Figure 22.— ROUE MAGNÉTIQUE À MOUVEMENT PERPÉTUEL illustrée par Peter Peregrinus ; de l'édition de SP Thompson (voir note de bas de page 40).

L'œuvre de Peter Peregrinus est citée par Roger Bacon dans son *De secretis* ainsi que dans l' *Opus majus* et *l'Opus minus* . Dans le premier et le plus ancien d'entre eux se trouve une description, tirée de Ptolémée, de la construction de la sphère armillaire (d'observation). Il dit que cela ne peut pas être fait se déplacer naturellement par aucun dispositif mathématique, mais "un expérimentateur fidèle et magnifique s'efforce d'en fabriquer un à partir d'un tel matériau, et par un tel dispositif, qu'il tournera naturellement avec la rotation céleste diurne." Il poursuit en affirmant que cette possibilité est également suggérée par le fait que les mouvements des comètes, des marées et de certaines planètes suivent également celui du Soleil et du ciel. Ce n'est que dans l' *Opus minus* , où il répète la référence à cet appareil, qu'il révèle enfin qu'il doit être fait fonctionner au moyen de l'aimant.

La forme de la référence de Bacon à Peregrinus rappelle fortement la déclaration de Robertus Anglicus , déjà mentionné comme une indication d'une préoccupation pour les roues tournant diurnement, à une date (1271) remarquablement proche de celle de l' *Épître* (1269) - à tel point qu'on pourrait bien penser que l'ami à qui Pierre écrivait était soit Robert lui-même ou quelqu'un qui lui était associé, peut-être à l'Université de Paris - un lieu naturel auquel le itinérant Peter pourrait communiquer ses découvertes.

La question fondamentale ici, bien entendu, est de savoir si l'idée d'un appareil astronomique automatique a été transmise à partir de sources arabes, indiennes ou chinoises, ou si elle est apparue de manière tout à fait indépendante dans ce cas-ci, comme une conséquence naturelle de l'identification des pôles de l'aimant avec les pôles de l'aimant. pôles des cieux. Nous allons maintenant tenter de montrer que l'histoire du compas magnétique pourrait fournir un argument tout à fait indépendant en faveur de l'hypothèse d'une transmission de « stimulus ».

La boussole magnétique en tant que compagnon de voyage chinois

L'histoire insaisissable du compas magnétique présente de nombreux points communs avec celle de l'horloge mécanique. Tout comme nous disposons de modèles astronomiques datant des temps les plus reculés, nous disposons également de connaissances sur l'aimant et certaines de ses propriétés. Ensuite, parallèlement au développement des protohorloges en Chine tout au long du Moyen Âge , nous avons les preuves analysées par Needham, montrant l'utilisation de l'aimant comme dispositif divinatoire et du char (non magnétique) pointant vers le sud, qui a été confusément allié à l'histoire. Curieusement, et peut-être de manière significative, l'histoire chinoise atteint son paroxysme au même moment pour les boussoles et les horloges, et une autorité majeure en matière de boussole chinoise est Shen Kua (1030-1093) qui apparaît également en relation avec l'horloge de Su Sung, et qui a écrit sur les sphères armillaires mécanisées et d'autres modèles *ca.* 1086.

Une autre similitude se produit en relation avec l'histoire de la boussole dans l'Europe médiévale. Le traité de Peter Peregrinus, déjà discuté, fournit la première description complète du compas magnétique avec une aiguille pivotante et une échelle circulaire, et ceci, comme nous l'avons vu, peut être lié aux protohorloges et aux dispositifs à mouvement perpétuel . Il existe cependant plusieurs références antérieures à l'utilisation des propriétés directives de l'aimant, principalement pour une utilisation en navigation, mais ces premiers textes ont une longue histoire d'interprétation erronée qui n'a été effacée que récemment. On sait désormais que les passages célèbres du *De naturis rerum* et *du De utensilibus* d'Alexandre Neckham [43] (*ca.* 1187) et un texte d'Hugues de Berze [44] (après *ca.* 1204) ne font référence qu'à un aimant flottant sans pivot ni échelle. , mais en utilisant un pointeur perpendiculaire à l'aimant, de sorte qu'il pointe vers l'est plutôt que vers le nord ou le sud. Une méthode similaire est décrite (*vers* 1200) dans un poème de Guyot de Provins et dans une histoire de Jérusalem de Jacques de Vitry (1215). [45] Il est du plus grand intérêt qu'une fois de plus, toutes les preuves semblent concentrées en France (Neckham enseignait à Paris) bien qu'à une époque antérieure à celle des protocoles .

La date pourrait suggérer l'époque de la première grande vague de transmission du savoir de l'Islam, mais il est clair que dans ce cas, particulier pour cette raison, l'Islam n'a appris l'existence du compas magnétique qu'après qu'il était déjà connu en Occident. Dans les premiers documents persans, quelques anecdotes compilées par al-' Awfī *Californie.* 1230, [46] l'instrument utilisé par le capitaine lors d'une tempête en mer a la forme d'un morceau de fer creux, en forme de poisson et amené à flotter sur l'eau après aimantation par frottement avec un aimant ; la forme en forme de poisson est très significative, car il s'agit d'une pratique distinctement chinoise. Dans une deuxième référence musulmane, celle de Bailak al- Qabājaqī (*vers* 1282), la boussole humide ordinaire est appelée « al- konbas », une autre indication qu'elle était étrangère à cette langue et cette culture. [47]

Tableau chronologique

CHINE

4e siècle, Colombie-Britannique

EUROPE CLASSIQUE

Planétarium d'Archimède du IIIe siècle avant JC

2e siècle, avant JC Projection stéréographique d'Hipparque

Ier s., avant J.-C. Hodomètre de Vitruve et horloges à eau

65, avant JC (*env.*) Machine d'Anticythère

Ier s., AD Hero hodomètre et horloges à eau

IIe s., ap. J.-C. Horloges anaphoriques de Salzbourg et des Vosges

CHINE

2ème S., AD Chang H& ecirc;ng hodomètre à globe animé

Tradition continue des modèles astronomiques animés

725 Invention de l'échappement chinois par I- Hsing et Liang Ling- tsan

ISLAM

807 Harun -al-Rashid

850 (*env.*) Les premiers astrolobes existants

1000 Astrolabe à engrenages de Buruni

L'EUROPE

1000 modèle astronomique Gerbert

ISLAM

1025 Texte de l'Équateur

1074 Shen Kua , horloges et compas magnétique

1080 horloge Su Sung construite

1101 L'horloge de Su Sung détruite

INDE

1100 (*env.*) Surya Siddhānta modèles astronomiques animés et mouvement perpétuel

1150 (*env.*) Siddhānta Siroma ṇ i modèles animés et mouvement perpétuel

ISLAM

11h50 Horloge Saladin

L'EUROPE ☐

1187 Neckham sur boussole

1198 Jocelin sur l'horloge à eau

ISLAM

1200 (*env.*) Horloges à eau de Riḍ wān, mouvement perpétuel et **entraînement** par poids

1206 al - Horloges Jazarī , etc.

1221 Astrolabe à engrenages

Pendule Charlemagne

1243 al - Konbas (boussole)

L'EUROPE □

1245 Tour de l'horloge de Villard, "échappement", mouvement perpétuel

1267 Pendule de l'Abbaye de Villers

1269 Peregrinus , compas et mouvement perpétuel

1271 Robert Anglicus , modèles animés et horloge "à mouvement perpétuel"

ISLAM

Pendule à corpus Alfonsine avec tambour à mercure, Equatoria

L'EUROPE □

1285 Horloge à eau du Drover avec roue et entraînement par poids

1300 (*ca.*) Astrolabe français à engrenages

1320 Horloge astronomique et équatorium de Richard de Wallingford

1364 de L'horloge astronomique de Dondi à échappement mécanique

plus tard au XIVe siècle. La tradition des horloges à échappement se poursuit et dégénère en simples garde-temps

---

Il y a donc des raisons raisonnables de soutenir la tradition médiévale européenne selon laquelle le compas magnétique serait d'abord venu de Chine, même si l'on ne peut pas admettre que la première nouvelle en ait été apportée, comme le dit la légende, par Marco Polo, à son retour chez lui en 1260. Il se pourrait bien qu'il y ait eu une autre vague d'intérêt, donnant l'impulsion à Peter Peregrinus à cette époque, mais une transmission antérieure, peut-être le long de la route de la soie ou par des voyageurs en croisade, doit être postulée pour rendre compte des preuves en Europe, vers . 1200. L'afflux antérieur ne joue pas un grand rôle dans notre histoire principale ; elle est arrivée en Europe avant que la transmission de l'astronomie depuis l'Islam ne soit suffisamment avancée pour faire des protohorloges un sujet d'intérêt. Pour une deuxième transmission, nous avons déjà vu comment les textes pertinents semblent se regrouper, en France *ca.* 1270, autour d'un complexe dans lequel les protohorloges semblent combinées avec les idées de roues à mouvement perpétuel et avec de nouvelles informations sur le compas magnétique.

Le point de cet article est qu'un tel complexe existe, traversant l'histoire de l'horloge, des différents types de machines astronomiques et du compas magnétique, et incluant l'origine des « roues automotrices ». Il semble tracer un chemin s'étendant de la Chine, en passant par l'Inde et l'Islam oriental et occidental, pour aboutir à l'Europe du Moyen Âge. Ce chemin n'est pas simple, car les différents éléments apparaissent dans des combinaisons différentes d'un endroit à l'autre, parfois l'un peut être dominant, parfois un autre peut être absent. Ce n'est qu'en le traitant dans son ensemble qu'il a été possible de produire les fils de continuité qui rendront, je l'espère, possibles de nouvelles recherches, contournant les impasses du passé et conduisant éventuellement à une compréhension complète des premières machines scientifiques compliquées.

NOTES DE BAS DE PAGE :

<u>1</u> Cette vision traditionnelle est exprimée dans presque toutes les histoires de l'horlogerie. Une source ultime pour beaucoup d'entre eux a été les deux traitements classiques suivants : J. Beckmann, *A history of inventions and discoveries*, 4e éd., Londres, 1846, vol. 1, p. 340 et suiv. AP Usher, *Une histoire des inventions mécaniques*, 2e éd., Harvard University Press. 1954, p. 191 et suiv., 304 et suiv.

<u>2</u> Il existe une littérature considérable traitant de l'évolution ultérieure des dispositifs à mouvement perpétuel. Le traitement le plus complet est celui de H. Dircks, *Perpetuum mobile*, Londres, 1861 ; 2e série, Londres, 1870. Pour autant que je sache, il n'y a pas eu beaucoup de discussions sur l'histoire de tels dispositifs avant la Renaissance.

<u>3</u> Pour les débuts de l'engrenage en Occident, voir C. Matschoss, *Geschichte des Zahnrades*, Berlin, 1940. Aussi FM Feldhaus, *Die geschichtliche Entwicklung des Zahnrades in Theorie und Praxis*, Berlin, 1911.

<u>4</u> Un compte rendu général de ces objets archéologiques importants sera publié par J. Needham, *Science and civilisation in China*, Cambridge, 1959(?), vol. 4. Les publications originales (en chinois) sont les suivantes : Wang Chen-to, « Enquêtes et reproduction sous forme de modèle du chariot et de l'hodomètre pointant vers le sud », *National Peiping Academy Historical Journal*, 1937, vol. 3, p. 1. Liu Hsien-chou, « Les inventions chinoises en ingénierie horlogère », *Ch'ing-Hua University Engineering Journal*, 1956, vol. 4, p. 1.

<u>5</u> Pour des illustrations de vers qui s'entremêlent dans les filatures de coton indiennes, voir Matschoss, *op. cit.* (note de bas de page <u>3</u>), fig. 5, 6, 7, p. 7.

<u>6</u> Il est intéressant de noter que l'hodomètre chinois était contemporain de celui d'Héros et de Vitruve et qu'il était de conception très similaire. Il n'existe aucune preuve permettant de décider s'il peut y avoir eu une transmission spécifique de cette invention ou même une « diffusion de stimulus ».

<u>7</u> Un résumé du contenu des sources manuscrites, illustré par les dessins originaux, a été publié par H. Alan Lloyd, Le *chef-d'œuvre horloger de Giovanni de Dondi, 1364*, sans date ni empreinte (?Lausanne, 1955), 23 pp. Il faut remarquer que de Dondi refuse de décrire le fonctionnement de son échappement à couronne et à foliot (bien qu'il soit bien illustré) en disant qu'il s'agit de la variété "commune" et que si le lecteur ne comprend pas des choses aussi simples, il n'a pas besoin d'espérer comprendre le complexités de cette puissante horloge. Mais il s'agit peut-être dans une large mesure d'une bravade.

<u>8</u> Voir, par exemple, les tableaux chronologiques du XIVe siècle et les mentions ultérieures d'horloges dans E. Zinner , *Aus der Fräuml ;hzeit der Räderuhr* , Munich, 1954, p. 29 et suiv. Malheureusement ce traitement très complet tend à confondre les sources factuelles et légendaires antérieures à l'horloge de de Dondi ; elle accepte également le témoignage très douteux de « l'évasion » dessiné par Villard d' Honnecourt (voir p. <u>107</u>). Un excellent récit entièrement illustré des horloges astronomiques monumentales à travers le monde est donné par Alfred Ungerer , *Les horloges. astronomiques* , Strasbourg, 1931, 514 pp. Les récits disponibles sur le développement du planétarium depuis le Moyen Âge sont très brefs et surtout faibles sur l'histoire ancienne : Helmut Werner, *Du globe d'Aratus au planétarium Zeiss* , Stuttgart, 1957 ; CA Crommelin , « Planetaria , une étude historique », *Antiquarian Horology* , 1955, vol. 1, p. 70-75.

<u>9</u> Derek J. Price, « Clockwork before the clock », *Horological Journal* , 1955, vol. 97, p. 810 et 1956, vol. 98, p. 31.

<u>10</u> Pour l'utilisation de ce matériel, je suis redevable à mes co-auteurs. Je dois également remercier la Cambridge University Press, qui publiera prochainement notre monographie « Heavenly Clockwork ». Certaines des conclusions de cet article sont incluses sous une forme plus courte comme matériel de référence pour cette monographie. Un bref compte rendu de la découverte de ce matériau a été publié par J. Needham, Wang Ling et Derek J. Price, « Chinese astronomical clockwork », *Nature* , 1956, vol. 177, p. 600-602.

<u>11</u> Pour ces traductions d'auteurs classiques, je suis redevable au professeur Loren MacKinney et à Miss Harriet Lattin, qui les avaient rassemblées pour une histoire, aujourd'hui abandonnée, des planétariums. Je suis reconnaissant de l'occasion qui m'est donnée de leur donner ici la mention qu'ils méritent.

<u>12</u> AG Drachmann, « L'astrolabe plan et l'horloge anaphorique », *Centaurus* , 1954, vol. 3, p. 183-189.

<u>13</u> Une description plus complète de l'horloge anaphorique et des horloges à eau apparentées est donnée par AG Drachmann, " Ktesibios , Philon and Heron, " *Acta Historica Scientiarum Naturalium et Medicinalium* , Copenhague, 1948, vol. 4.

<u>14</u> Publié pour la première fois par O. Benndorf , E. Weiss et A. Rehm, *Jahreshefte des & ouml;sterreichischen archäologique Institut de Vienne* , 1903, vol. 6, p. 32-49. J'ai donné plus de détails sur sa construction dans *A history of technology* , éd. Singer, Holmyard et Hall, 1957, vol. 3, pages 604-605.

<u>15</u> L. Maxe-Werly , Mémoires *de la Société ; Nationale des Antiquaires de France* , 1887, vol. 48, p. 170-178.

16 Le premier récit définitif de la machine d'Anticythère a été donné par Périclès Rediadis dans J. Svoronos , *Das Athener Nationalmuseum* , Athènes, 1908, Textband I, pp. 43-51. Depuis, d'autres photographies (pour la plupart très pauvres) sont apparues, et une tentative de reconstitution a été faite par le contre-amiral Jean Theophanidis , *Praktika. tes Académies Athénon* , Athènes, 1934, vol. 9, p. 140-149 (en français). Je suis profondément reconnaissant au directeur du Musée national d'Athènes, M. Karouzos , de m'avoir fourni une excellente nouvelle série de photos, à partir de laquelle les figures 6 à 8 sont maintenant tirées.

17 H. Diels & Uuml;ber die von Prokop décrit Kunstuhr von Gaza, *Abhandlungen* , *Akademie der Wissenschaften* , Berlin, Philos.-Hist. Classe , 1917, n° 7.

18 LA Mayer, *Les astrolabistes islamiques et leurs travaux* , Genève, 1956, p. 62.

19 La traduction qui suit est tirée de J. Beckmann, *op. cit.* (note de bas de page 1), p. 349.

20 E. Wiedemann, « Ein Instrument das die Bewegung von Sonne und Mond darstellt , nach al Biruni », *Der Islam* , 1913, vol. 4, p. 5.

21 Je reconnais avec remerciements au conservateur de ce musée l'autorisation de reproduire des photographies de cet instrument. Il s'agit du point 5 de RT Gunther, *Astrolabes of the world* , Oxford, 1932.

22 Abulcacim Abnacahm , *Libros del saber* , édition par Rico y Sinobas , Madrid, 1866, vol. 3, p. 241-271. La conception de l'instrument a été discutée en détail par A. Wegener, "Die astronomischen Werke Alfons X", *Bibliotheca Mathematica* , 1905, pp. 129-189. Une discussion plus complète de l'évolution historique de l' équatorium est donnée dans Derek J. Price, *The equatorie of the planetis* , Cambridge (Eng.), 1955, pp. 119-133.

23 E. Wiedemann et F. Hauser, "Uber die Uhren je suis Bereich d. culture islamique ", *Nova Acta; Abhandlungen der ke& ouml;nigliche Académie allemande de recherche en forêt léopoldinienne-carolinienne à Halle* , 1915, vol. 100, non. 5.

24 E. Wiedemann et F. Hauser, *Die Uhr des Archimedes und zwei autre Vorrichtungen* , Halle, 1918.

25 Les manuscrits en question sont les suivants : Gotha, Kat. c. Pertsch . 3, 18, non. 1348 ; Oxford, Cod. 954 ; Leyde, Kat. 3, 288, non. 1414, Cod. 499 Avertir ; et une autre similaire, Kat. 3, 291, non. 1415, Cod. 93 Gol.

26 H. Schmeller , Beitr& auml;ge zur Geschichte der Technik in der Antike und bei den Arabern , Erlangen, 1922 (*Abhandlungen zur Geschichte der Naturwissenschaften und der Medizin* no. 6).

27 Une fois de plus, je suis redevable au professeur Loren MacKinney et à Mlle Harriet Lattin (voir note de bas de page 11) d'avoir mis à ma disposition leurs collections sur Gerbert .

28 Point 198 dans Gunther, *op. cit.* (note de bas de page 21). Je remercie les autorités de ce musée pour l'autorisation de reproduire des photographies de cet instrument.

29 Sotheby and Co., Londres, vente du 14 mars 1957, lot 154. Le bord extérieur du rete comporte 120 dents.

30 Le texte latin du traité sur l'Albion a été transcrit par le révérend H. Salter et publié dans RT Gunther, *Early science in Oxford* , Oxford, 1923, vol. 2, p. 349-370. Une analyse de sa conception est donnée dans Price, *op. cit.* (note de bas de page 22), p. 127-130.

31 Les preuves de l'existence et de la forme de l'horloge sont rassemblées par Gunther, *op. cit.* (note de bas de page 30), p. 49.

32 J'ai discuté de cette nouvelle source manuscrite dans « Deux textes médiévaux sur les horloges astronomiques », *Antiquarian Horology* , 1956, vol. 1, non. 10, p. 156. Le manuscrit en question est ms. 230/116, Gonville and Caius College, Cambridge, folios 11 ^{v} -14 ^{v} = pp.

33 *La Chronique de Jocelin de Brakelond* ..., HE Butler (éd.), Londres, 1949, p. 106.

34 CB Drover, « Une horloge à eau monastique médiévale », *Antiquarian Horology* , 1954, vol. 1, non. 5, pp. 54-58, 63. Parce que cette horloge à eau utilise des roues et sonne des cloches, il faut rejeter la preuve d'une référence littéraire, comme celle de Dante, à partir de laquelle la mention des roues et des cloches a été prise comme preuve positive de l'existence. d'horloges mécaniques à échappements mécaniques. Le mouvement de va-et-vient de l'échappement mécanique de l'horloge est une caractéristique assez impressionnante, mais il ne semble y avoir aucune référence littéraire à ce sujet avant l'époque de de Dondi .

35 *Annales de la Société _ Royale d'Archéologie de Bruxelles* , 1896, vol. 1/8, p. 203-215, 404-451. La traduction ici est citée de Drover, *op. cit.* , (note de bas de page 34), p. 56.

36 L. Thorndike, *La sphère du Sacrobosco et ses commentateurs* , Chicago, 1949, pp. 180, 230.

37 L'album a été publié avec des fac-similés par JBA Lassus , 1858. Une édition anglaise avec des fac-similés de 33 des 41 folios a été publiée par le révérend Robert Willis, Oxford, 1859. Un résumé détaillé de cette section

est donné, avec des illustrations, par J. Drummond Robertson, *L'évolution de l'horlogerie* , Londres, 1931, pp.

<u>38</u> M. Jules Quicherat , *Revue Archéologique* , 1849, vol . 6.

<u>39</u> MC Frémont . _ *Origine de l'horloge & agrave ; poids* , Paris, 1915.

<u>40</u> Pour cela, j'ai utilisé et cité la très belle édition en anglais, préparée par Silvanus P. Thompson, Londres, Chiswick Press, 1902.

<u>41</u> Voir EGR Taylor, « The South-pointing Needle », *Imago Mundi* , Leiden, 1951, vol. 8, pp. 1-7 (en particulier pp. 1, 2).

<u>42</u> Je me suis demandé si l'intérêt médiéval pour le mouvement perpétuel pouvait être lié à l'utilisation de la « Roue de la Fortune » dans les églises comme substitut à la sonnerie des cloches le Vendredi Saint. Malheureusement , je ne trouve aucune preuve pour ou contre cette conjecture.

<u>43</u> WE May, « Alexander Neckham et l'aiguille pivotante de la boussole », *Journal of the Institute of Navigation* , 1955, vol. 8, non. 3, p. 283-284.

<u>44</u> WE May, « Hugues de Berzé et la boussole du marin », *Le Miroir du marin* , 1953, vol. 39, non. 2, p. 103-106.

<u>45</u> H. Balmer, *Beitr& aumlige zur Geschichte der Erkenntnis des Erdmagnetismus* , Aarau, 1956, p. 52.

<u>46</u> La collection est le *Gami 'al Hikajat* ; le passage pertinent étant donné en traduction allemande dans Balmer. *op. cit.* (note de bas de page <u>45</u>), p. 54.

<u>47</u> Balmer, op. *cit.* (note de bas de page <u>45</u>), p. 53.

www.ingramcontent.com/pod-product-compliance
Lightning Source LLC
LaVergne TN
LVHW041438170726
843492LV00008B/2673